Las mejores ideas de
bricolaje y decoración

Las mejores ideas de
bricolaje y decoración

Una guía paso a paso

Índice

Bricolaje

Ideas individuales
para creaciones propias

8

Celebraciones

Fiestas destacadas
a lo largo del año;
embellecer la vida

68

Decoración

Ideas para cada día del año

112

Índice alfabético

160

Introducción

Las mejores ideas y prácticos consejos sobre decoración pueden transformar una casa impersonal en un acogedor y agradable hogar. También pueden convertir una fiesta en una experiencia inolvidable. Sin embargo, ¿de qué manera se puede hacer resaltar los muebles o cómo se doblan las servilletas para darles una forma divertida? ¿Qué flores combinan entre sí? ¿Cómo se les puede sacar el mejor partido? ¿De qué forma se pueden adornar las velas y qué resulta adecuado para decorar ventanas? El tema de la decoración da mucho de sí y en muchas ocasiones una idea brillante es la solución a numerosas preguntas. A menudo adornamos la casa con decoración cara adquirida en comercios especializados y que no nos acaba de convencer. ¡Con este libro ya no nos volverá a ocurrir más!

Introducción

En estas páginas aprenderá las mejores técnicas para decorar su hogar.
Le aportarán ideas que maravillarán a los aficionados y sorprenderán a los
más versados en el tema. La mayoría de las sugerencias son muy fáciles
de llevar a cabo y resultan mucho más asequibles que los accesorios que
se suelen compran. Y lo mejor de todo ello es el hecho de que, mediante
el bricolaje, la pintura o la combinación de materiales, despertará su
energía creativa, descubrirá talentos ocultos y será capaz de asombrar a
los demás con un estilo personal.

El primer capítulo muestra cómo embellecer muebles y accesorios,
brinda grandes ideas para crear bonitas decoraciones florales, además de
técnicas para dar forma a servilletas. En el segundo capítulo de este libro
se trata de la decoración en celebraciones anuales: festividades clásicas,
como Pascua y Navidad, celebraciones que tienen lugar a lo largo del
año, fiestas de verano en el jardín o una decoración otoñal. El tercer
capítulo presenta distintos temas de decoración, entre los cuales
encontrará aquel o aquellos que se adecuen a su estilo. Ya sea sensación
de verano o blanco de ensueño, déjese inspirar.

*¡Ya sólo nos queda desearle que lo pase muy bien con las mejores ideas
de bricolaje y decoración!*

Bricolaje

Si quiere que su hogar adquiera un estilo propio, decórelo
con piezas creadas por usted mismo. En este capítulo
le mostraremos cómo embellecer muebles y accesorios;
a continuación le ofreceremos ideas para llevar a cabo
decoraciones florales y, finalmente, podrá dejarse inspirar
por nuestros originales motivos para crear divertidos cuadros
con servilletas. Cada una de las tres partes de este capítulo
de bricolaje comienza con una doble página donde se le ofrecerá
toda la información sobre el material que necesita.
A continuación encontrará las distintas propuestas
explicadas paso a paso.

Bricolaje

Ideas individuales para creaciones propias.

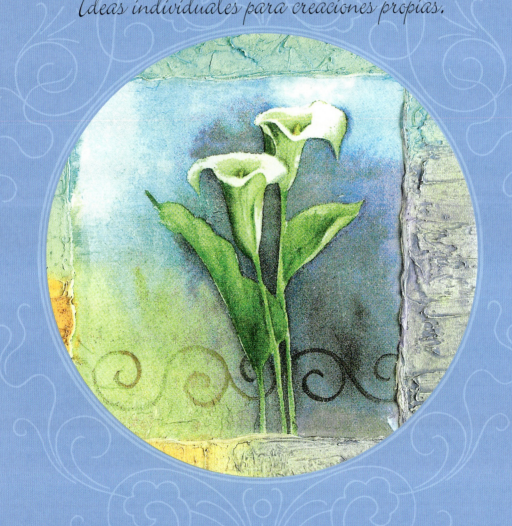

Muebles y accesorios

Pintura acrílica

Es una clase de pintura soluble en agua y sin disolventes que se adhiere sobre distintos soportes, como madera, papel, arcilla, piedra y poliestireno. Se puede mezclar entre sí y resulta adecuada para distintas técnicas. Es aconsejable, según sea su color, aplicar entre dos y tres capas de pintura. Tras el secado, la pieza debe recubrirse con barniz acrílico transparente, brillante o mate.

Pintura para tela

Este tipo de pintura puede utilizarse para tejidos claros y oscuros. Se usa sobre fibra natural o mezcla. Se pueden adquirir pinturas de distintos colores y pueden mezclarse entre ellas. Tras el secado (más o menos, unas 24 horas), se fijan del revés con una plancha (regulada al nivel más alto) y a continuación ya se pueden lavar en la lavadora.

Pintura brillante

Esta pintura puede aplicarse directamente del tubo. Contiene pequeñas partículas brillantes que poseen gran fuerza adhesiva. Sobre la pintura todavía húmeda se pueden dejar caer perlas y lentejuelas que, tras el secado (unas 3 horas), quedan adheridas a la base. Se recomienda trabajar sobre un fondo de papel o lámina de plástico para recuperar los aderezos que caigan fuera. La pintura brillante puede aplicarse sobre distintos soportes, como papel, madera, metal y tela. Los tejidos adornados deben ser resistentes al lavado y, una vez secos, deben plancharse del revés.

Trabajar con plantillas

Es posible adquirir plantillas en tiendas especializadas aunque también las podemos crear en casa. En la creación con plantillas, el motivo se coloca sobre el soporte escogido y se fija con cinta adhesiva. Acto seguido se toma un poco de pintura cuidadosamente con el pincel, éste se limpia con un paño y, a continuación, se pinta. Cuando se ha aplicado la pintura suficiente, la plantilla se retira y se limpia con agua. De esta manera podrá utilizarse más veces. Si sólo se utilizan determinadas partes de la plantilla, el resto debe cubrirse con cinta adhesiva.

Papeles de *découpage* y servilletas

Con papeles de *découpage* (o troquelados) y servilletas es posible crear y adornar objetos muy variados. Los papeles se adhieren con un barniz especial sobre tela, porcelana, velas y muebles. En decoración se utilizan dos técnicas: la técnica de troquelado y la técnica de cortado.

Esta última consiste en cortar con las tijeras el motivo deseado (en la servilleta se despega cuidadosamente la capa superior impresa), aplicar barniz para servilletas o *découpage* en las zonas en que se enganchará y finalmente colocar el motivo. Éste se cubre de nuevo con barniz y, una vez seco, se utiliza barniz para *découpage*. En la técnica de troquelado se procede de la misma manera, aunque el motivo se bordea con un pincel impregnado con agua, se despega con cuidado y se engancha sobre la zona barnizada previamente. Esta técnica resulta adecuada para grandes superficies (v. «Estilo joven» de la pág.18).

Pincel y esponja

La mejor manera de aplicar pintura acrílica es mediante un pincel suave de cerdas sintéticas de unos 2 cm de ancho. Una simple esponja también resulta muy adecuada para pintar una gran superficie. Para ello se vierte la pintura en un plato, se sumerge la esponja mojada en agua y se reparte regularmente la pintura sobre la superficie. Las esquinas y los bordes se trabajan con un pincel fino. Las esponjas naturales se utilizan para crear determinados efectos. Tras aplicar dos capas de pintura en una superficie y una vez que ésta está seca, la esponja se sumerge en un segundo color y con ella se van dando toques regulares sobre la pintura de fondo.

La mejor manera de aplicar la pintura para tela es mediante un pincel fino. Para pintar plantillas se utiliza un pincel de espuma. Es posible adquirir pinceles especiales para la técnica de *découpage* en tiendas especializadas.

Copiar muestras y crear plantillas

Las muestras se pueden copiar a tamaño natural en láminas para plantillas y mediante papel transparente, folios y lápiz o directamente sobre una película transparente, utilizando un rotulador permanente. Después sólo tiene que cortarse con un cúter y ya está disponible.

Al copiar la muestra sobre papel transparente, coloque un folio entre el papel transparente y el soporte. A continuación ya puede trazar el motivo con un lápiz o bolígrafo.

Cómoda
al estilo retro

Cómoda

Con un pincel plano y suave pinte de color rojo carmín los bordes exteriores de la cómoda; aplique entre dos y tres capas. Una vez que el mueble esté seco, recúbralo con barniz acrílico.

Para componer las franjas de color, coloque los cajones juntos. De esta manera, podrá crear líneas continuas. Con una regla y un lápiz trace los distintos grosores de las franjas entre los tiradores de los cajones. Utilice pintura acrílica y mezcle los colores para crear distintas escalas cromáticas.

Pinte el interior de la cómoda y las superficies restantes de color marfil, aplicando dos capas de pintura. Acto seguido, cree las distintas franjas de color tal y como se indica a continuación. Para conseguir un acabado exacto, coloque cinta adhesiva a los dos lados de la raya que desee tintar, pinte y a continuación déjela secar bien. Repita la operación para pintar otra franja de color. Proceda de esta manera hasta que todos los cajones estén listos.

Tras el secado, recubra el mueble con barniz acrílico. Pinte los tiradores de los cajones de color marfil y también barnícelos. Después ya los puede colocar.

Tatuaje de flores

Si lo desea, también puede añadir flores de color naranja. Escoja el tono que más le guste del surtido de papel, píntelo con laca acrílica y déjelo secar. Si el papel se ondula, aplánelo poniendo un peso encima durante un tiempo.

Calque los motivos florales de las láminas para plantillas y a continuación córtelos. Colóquelos sobre la parte blanca de la película transparente adhesiva y pinte los contornos con un lápiz. Pegue la película adhesiva sobre el papel lacado. Para ello, retire el papel protector de la zona impresa y presione bien. Recorte todos los motivos. Retire cuidadosamente el papel protector, colóquelo como en la ilustración de muestra o como desee y ejerza bastante presión sobre éste. Estos motivos se pueden despegar de nuevo con facilidad y los restos de cola se pueden retirar sin problema con un paño de microfibra.

Jarrones

Divida los jarrones en franjas de diferente anchura y márquelas con un lápiz. Ajuste los colores a los escogidos para las franjas de la cómoda y trabaje de la misma manera.

Muestra 1 a, hoja A y 1 b y c, hoja B (págs. 158-159).

Material

- *Cómoda de madera sin tratar*
- *Jarrones de papel mâché o pasta de papel*
- *Pintura acrílica de color rojo carmín, naranja, marfil, amarillo pastel y rojo*
- *Pincel plano de cerdas sintéticas (n.º 16)*

- *Surtido de papel natural de tonos naranjas; papel transparente*
- *Regla; lápiz; cinta métrica; tijeras*
- *Cinta adhesiva; película adhesiva por los dos lados*
- *Barniz acrílico mate*

Armario bajo

Este mueble para el recibidor está compuesto por dos elementos que se han confeccionado de la misma manera. Para ello, mezcle en primer lugar color amarillo pastel con algo de blanco y pinte los bordes exteriores, así como los estantes. Aplique dos capas. Entre capa y capa deje que se seque la primera. Pinte las partes internas con color amarillo pastel puro y también dé dos capas de pintura.

Copie el motivo de la plantilla directamente con un rotulador permanente sobre película y, a continuación, córtelo cuidadosamente con el cúter (v. «Copiar muestras y crear plantillas» de la pág. 11).

Coloque la plantilla sobre un elemento, más o menos a 5 cm del borde superior e inferior y a 4 cm de los bordes laterales.

Pinte la plantilla con pintura acrílica plateada y con un pincel de espuma (v. para ello el apartado «Trabajar con plantillas» de la pág. 10). Para el segundo elemento, gire la plantilla 180 °C y proceda de la misma manera.

Tras el secado, disponga por partida doble la parte superior de la plantilla entre los dos motivos principales (v. ilustración), fije la plantilla con cinta adhesiva y píntela como la parte superior.

Pinte de igual manera el segundo elemento y, tras el secado, recubra la totalidad del mueble con barniz acrílico.

Recipiente de madera

Pinte el recipiente con una doble capa de pintura acrílica de color gris y déjelo secar.

Escoja una sección del motivo principal de la plantilla y fíjelo con cinta adhesiva en el borde superior. Desenganche las partes de la plantilla que no necesite.

Pinte las secciones con pintura acrílica de color amarillo pastel. Aplique dos capas y déjelo secar. Haga lo mismo con las otras partes.

Finalmente recúbralo con barniz acrílico y, tras el secado, si así lo desea, añada alrededor del ornamento pequeñas perlas grises de adorno.

Instrucciones para la lámpara de pie, el espejo y el jarrón en la página 16.

Material

Para el armario bajo

- Dos tablones de madera sin tratar
- Pintura acrílica de color amarillo pastel, plata y blanco
- Película para plantillas; cúter
- Pincel plano de cerdas sintéticas (n.º 16)
- Pincel de espuma; cinta adhesiva
- Rotulador permanente
- Regla; lápiz
- Barniz acrílico mate

Material para el recipiente de madera en página 17.

Recibidor elegante

Lámpara de pie

Para la pantalla de la lámpara escoja una sección del motivo principal. Divida la pantalla verticalmente en cuatro partes y márquelas con tiza. Fije la plantilla en el centro de las partes marcadas con cinta adhesiva y desenganche las partes que no necesite.

Con pintura para tela gris y el pincel de espuma pinte el motivo cuatro veces. Siguiendo como ejemplo la ilustración, escoja la segunda sección y proceda de la misma manera.

Tras el secado, enganche perlas grises de adorno.

Espejo

En primer lugar despegue la parte interior del espejo. Mezcle pintura de color amarillo pastel con pintura blanca y aplique una primera capa sobre el espejo.

Al igual que en el caso de la lámpara, escoja una sección de la plantilla y fíjela con cinta adhesiva sobre el marco.

Pinte el motivo en las esquinas con pintura acrílica de color plata o gris y con un pincel de espuma. Déjelo secar bien. Una vez que esté seco, recúbralo con barniz acrílico.

Jarrón

Divida el jarrón horizontalmente por la mitad. Haga una marca con un lápiz y enganche cinta adhesiva.

Pinte la parte inferior del jarrón con pintura acrílica de color gris y déjela secar. Ahora proteja con cinta adhesiva la parte gris y comience a pintar la parte superior de color amarillo pastel mezclado con blanco. Cubra bien toda la superficie.

Escoja una sección del motivo principal y fíjela con cinta adhesiva sobre el jarrón.

Pinte con el pincel de espuma esta parte de color plata y fije la siguiente sección. Proceda de la misma manera. Decore igual todo el jarrón y deje secar bien las partes que se encuentren entre las secciones.

Finalmente recubra el jarrón con barniz acrílico y decórelo con perlas de adorno.

Material

Para la lámpara de pie

- Pantalla con pie
- Tiza blanca
- Pintura para tela gris
- Perlas de adorno de color gris (Ø 6 mm)
- Pegamento para tela

Para el espejo, el recipiente de madera y el jarrón

- Espejo de madera sin tratar
- Recipiente de madera sin tratar
- Jarrón de papel mâché
- Pintura acrílica de color amarillo pastel, blanco, plata y gris

- Perlas de adorno de color gris (Ø 6 mm)
- Barniz acrílico mate

Estilo
joven

Taburete

En primer lugar copie el motivo de hojas sobre las fundas lavadas y planchadas del taburete tal y como desee o según la ilustración (v. también «Copiar muestras» de la pág. 11).

Con pintura para tela blanca (para tejidos oscuros) y pintura negra (para tejidos claros) y un pincel fino pinte las hojas y las bayas. Trabaje con un soporte de cartón para evitar que la pintura traspase.

Tras el secado, pinte las hojas, las bayas y el resto de líneas con pintura para contornos negra o gris y con la ayuda de una boquilla. Tras el secado, fije la pintura con la plancha siguiendo las instrucciones del fabricante.

Espejo

Pinte el espejo con pintura acrílica blanca. Deje secar bien la pintura entre capa y capa.

A continuación decórelo con el motivo de la servilleta y mediante la técnica de troquelado (v. apartado «Papeles de *découpage* y servilletas» en la pág. 11). Finalmente recúbralo con barniz de *découpage* y déjelo secar bien.

Instrucciones para la lámpara de pie y la mesita en la página 21.

Material

Para el taburete

- Taburetes con funda de tela de color negro y blanco
- Pintura para tela de color blanco (para tejidos oscuros)
- Pintura para tela de color negro (para tejidos claros)

- Pintura de contornos para seda de color negro y plata
- Boquilla (Ø 5 mm)
- Pincel de cerdas sintéticas (n.º 4)
- Cartón; folio
- Bolígrafo; plancha

Para el espejo

- Espejo con marco de madera
- Pintura acrílica de color blanco
- Servilleta con motivo arabesco
- Barniz de découpage
- Pincel de découpage

Muestra 3 a y b, hoja D (págs. 158-159).

Material

Para la mesita

- Mesita
- Servilleta con motivo arabesco
- Barniz de découpage; pincel de découpage
- Pintura brillante negra
- Rocallas negras (Ø 2 mm)
- Base de papel

Para la lámpara

- Pie de lámpara con funda de tela negra
- Pincel de cerdas sintéticas (n.º 4)
- Pintura para tela de color blanco (para tejidos claros)
- Pintura brillante negra
- Mezcla de perlas de vidrio negras
- Perlas acrílicas de cristal (Ø 6 mm)

- Conos de cristal (26 x 21 cm)
- Rocallas negras (Ø 2 mm)
- Tiza blanca
- Cinta de satén negra (10 mm de ancho)
- Hilo de coser blanco, extra fuerte; aguja de coser
- Cinta adhesiva de doble cara; cinta para medir; tijeras

Mesita

Prepare la superficie de la mesa con la servilleta y mediante la técnica de troquelado (como el espejo de la pág. 19). Barnice la superficie de la mesa con barniz de *découpage* y pegue los motivos unos encima de otros. Aplique una nueva capa de laca.

Tras el secado, pinte todo el borde, trozo a trozo, con pintura negra brillante. Deje caer las rocallas (v. también «Pintura brillante», pág. 10) y déjelo secar. Repita el procedimiento hasta que el borde quede totalmente cubierto de piedras.

Lámpara de pie

Pegue el motivo de hojas de la plantilla sobre la pantalla de la lámpara de pie y píntelo tal y como se ha descrito en el caso del taburete.

Para crear las tiras de perlas, mida el diámetro de la pantalla de la lámpara, añada 2 cm más y corte esta medida de cinta negra. Ahora divida la cinta en siete secciones y márquelas con tiza. Enhebre las perlas con hilo de coser blanco, una aguja y un ojal de la siguiente manera: seis perlas acrílicas de cristal con una rocalla negra y cerrar con una perla grande de vidrio. En el caso de la tira corta, repítalo cinco veces; en el de la tira larga, seis veces. Finalmente enhebre cinco perlas de vidrio pequeñas, incorpore un cono de plexiglás, enhebre de nuevo a través de todas las perlas y ate el hilo a la cinta.

Dé una puntada de una marca a otra. En el cambio enhebre dos tiras de distinta longitud. En una segunda pasada cosa dos tiras en medio de manera que las tiras y las ligaduras de perlas tengan distintas longitudes. Al coserlas, enhebre el hilo por una perla para que quede más fijo.

Ahora pinte la cinta con pintura negra brillante, pero no los 2 cm añadidos. Moje las rocallas en pintura negra y déjelas secar.

Coloque cinta adhesiva en la parte trasera de la cinta de perlas y fíjela en el borde inferior de la pantalla de la lámpara.

Mesita para niños

Prepare una plantilla para la mesita. Para ello, dibuje la medida de la superficie de la mesa sobre un cartón fino. Divida por la mitad los cuatro bordes. En cada caso, y desde este punto, haga una marca en ángulo recto hacia arriba a unos 6 cm. Una este punto a derecha e izquierda trazando un arco que una las esquinas. Corte la plantilla, colóquela sobre la superficie de la mesa y dibújela con un lápiz.

Pinte la superficie interior de la mesa con pintura verde y el pincel plano. Aplique entre dos y tres capas de pintura. Pinte el resto de las zonas de color melón, azul hielo, verde claro y rosa. Aplique dos capas de pintura. Mezcle todos los colores con blanco, a excepción del azul.

Pinte el resto de la mesa con color amarillo matizado, también emplee dos capas de pintura. Finalmente recubra la mesa con barniz acrílico, a excepción del tablero.

Sillitas para niños

Pinte el respaldo y las patas de la primera silla con pintura acrílica azul y déjela secar. Coloree la superficie del asiento con azul y verde. Empiece para ello con el azul, protegiendo las superficies lindantes con cinta adhesiva. A continuación pinte las tiras verdes tras proteger con cinta adhesiva las azules ya secas.

Pinte la segunda silla de color melón. Para crear el sello, pegue el motivo de gomaespuma sobre un tapón de corcho con pegamento para tela. Coloréelo con pintura acrílica rosa y estampe las florecillas sobre la superficie del asiento. Decore con un punto rojo el centro de las flores y aplique la pintura con un bastoncillo de algodón. Una vez seco, protéjalo todo con barniz acrílico.

Más instrucciones para decorar sillitas para niños, cestos y cajitas en la página 24.

Material

Para la mesa

- *Mesita para niños sin tratar*
- *Pintura acrílica de color melón, azul hielo, verde claro, rosa, blanco y amarillo dorado*
- *Pintura para madera verde*
- *Pincel plano sintético (n.º 16)*
- *Cartón delgado; tijeras; regla*
- *Lápiz; barniz acrílico mate*

Para las sillas

- *2 sillitas de madera sin tratar*
- *Pintura acrílica verde, azul, melón, rosa, rojo y amarillo dorado*
- *Piedrecitas de color rojo y azul*
- *Gomaespuma para estampar «flor»*
- *4 bolas de madera (Ø 35 mm)*
- *1 lámina de fieltro de color verde y rosa (5 mm de grosor)*

- *1 cinta de fieltro de color turquesa y naranja (10 mm de ancho)*
- *Fieltro delgado de color amarillo*
- *Letras de gomaespuma*
- *Pegamento para tejidos; cinta adhesiva*
- *Bastoncitos; tornillos spax; lápiz; barniz acrílico mate*
- *Tiza blanca*
- *Tapones de corcho u otros*

¡Así da gusto jugar!

Para los respaldos de las dos sillas pinte dos bolas de madera de color amarillo dorado. Una vez secas, recúbralas con barniz acrílico. Finalmente atornille las bolas de madera a izquierda y derecha en la parte superior de la silla. Pegue encima de los agujeros perforados piedrecitas transparentes azules o rojas.

Corte el fieltro verde o rosa para los respaldos de las sillas de manera que pueda cubrirlos por ambos lados. Después enganche las cintas de fieltro de color azul y naranja. Éstas deberían ser lo suficientemente largas como para hacer un lazo o un nudo (v. ilustración).

Para las coronas de fieltro, utilice el fieltro destinado a ello. Tome una corona del colgante de las cestas para perfilarla o bien dibújela directamente con tiza o lápiz sobre el fieltro y córtelo.

Enganche las coronas sobre los respaldos e inscriba en ellas la letra del abecedario con que empieza el nombre del niño o niña. Por último, decórela con abalorios, como piedrecitas.

Cestas

Mida el diámetro de las cestas, corte tiras de fieltro de color rosa, azul y verde de unos 2 cm de ancho para colocarlas alrededor de las cestas y fijarlas con pegamento para tela.

Corte las cintas delgadas, escogidas cromáticamente (v. ilustración) de manera que se pueda hacer un lazo con ellas. A continuación, fíjelas con pegamento sobre la banda de fieltro más ancha y haga un lazo con los extremos.

Pinte un colgante «corona» de papel mâché de color amarillo oro para cada cesta, deje el rectángulo sin pintar. Píntelo con pintura acrílica, de acuerdo con la ilustración. Tras el secado, recúbralo con barniz acrílico y déjelo secar bien.

Adorne las puntas de las coronas con piedrecitas de los colores que desee y en el rectángulo de color pegue la letra correspondiente. A continuación cuelgue los colgantes de las finas cintas de fieltro.

Cajita con corona

Aplique dos capas de color amarillo dorado sobre la cajita. Cuando esté seca, recúbrala con barniz acrílico. Finalmente adórnela con la correspondiente letra y piedrecitas de tipo abalorio.

Material

Para las cestas

- Cestas de mimbre de distintos tamaños

- Cinta de fieltro de color rosa, verde y azul (40 mm de ancho); cinta métrica

- 3 colgantes corona de papel mâché

- Pegamento para tela

- Pintura acrílica de color amarillo dorado, azul, verde y rosa

- Piedrecitas de tipo abalorio de distintos tamaños y colores

- Tijeras

- Letras de gomaespuma

- Cinta de fieltro de color naranja, rosa y turquesa (10 mm de ancho)

Para las cajitas con corona

- Cajitas de papel mâché

- Pintura acrílica de color amarillo dorado y blanco

- Piedrecitas de tipo abalorio; letras de gomaespuma; barniz acrílico mate

Un toque
diferente en la cocina

Camarera de cocina

Pinte la camarera (preferiblemente, antes de montar) con pintura acrílica de color rosa mezclada con blanco y aplique dos capas de pintura. Dibuje el zarcillo con tiza blanca o lápiz. Pinte con pintura acrílica blanca las líneas y los brotes.

Para estampar la flor, fije el motivo de goma-espuma sobre un tapón de corcho o algo similar. A continuación estámpelo con rojo carmín y píntelo parcialmente con un pincel fino. Por último recúbralo con barniz acrílico.

Cesto con asa

En primer lugar pinte la superficie exterior del cesto y el asa (¡no la monte todavía!) con pintura acrílica blanca. Aplique dos capas de pintura acrílica rosa en su interior y déjelo secar.

Estampe las flores de color rojo carmín en el interior del cesto. En este caso, no pinte todo el interior de las flores, únicamente haga unos puntos blancos.

Barnice el cesto con barniz acrílico y déjelo secar. Monte el asa.

Libro de recetas

En primer lugar retire el papel protector de la película adhesiva y péguelo sobre el papel estampado.

Mida la cubierta, traslade la medida sobre la película adhesiva y córtela. Retire el papel protector y péguelo sobre la cubierta anterior.

Recorte un trozo de cinta vichy que tenga cuatro veces la altura del libro. Coloque una parte de la cinta en el interior; la otra mitad en el exterior, a lo largo de la perforación. En cada caso, fíjela y átela por arriba.

Corte un rectángulo grande de 9 x 6 cm de color rosa, colóquelo sobre película adhesiva y córtelo. Rotule la etiqueta blanca y engánchela sobre el rectángulo. Ahora retire el papel protector y coloque el cartel sobre la capa superior.

Material

Para la camarera y el cesto con asa

- Camarera de madera sin tratar
- Cesto con asa de madera sin tratar
- Pintura acrílica de color rosa, blanco y rojo carmín
- Gomaespuma para estampar «flor»; corcho
- Tiza de color blanco o lápiz

- Pincel plano de cerdas sintéticas (n.º 16)
- Pincel de cerdas sintéticas (n.º 4); barniz acrílico mate

Para el libro de recetas

- Libreta de aglomerado semicompacto; cinta de cuadros rojos y blancos

- Papel rosa estampado y unicolor
- Etiqueta adhesiva de color blanco (más o menos 7 x 3,5 cm)
- Regla; lápiz; tijeras
- Película adhesiva doble; pegamento para tela

Cuadros creados con servilletas

Material básico

- Martillo
- Pasta para modelar
- Tijeras; lápiz
- Paleta o plato viejo
- Pincel de tipo cepillo (del n.º 6 al n.º 20)
- Pincel de cerdas (n.º 2 y 6)
- Esponja
- Paño de algodón sin pelusa
- Papel de cocina
- Alfiler
- Cinta aislante y cinta adhesiva
- Bastoncitos de algodón; palillos
- Diversas espátulas; una tarjeta de teléfono antigua; cuchillo para colorear
- Espátula con dientes; peine; tenedor pequeño
- Palillos para brochetas
- Papel de lija

Bastidor o cartulina para pintar

La base de todos los cuadros es un bastidor o una cartulina para pintar. Lo más decorativo es un bastidor con un lienzo tensado sobre un marco de madera que mediante cuñas siempre puede volver a tensarse. Son más asequibles aquellos bastidores que uno mismo prepara o una cartulina para pintar. Ambas opciones quedan muy bien con un marco pero si se pintan los bordes se puede prescindir de él. Para que la cartulina no cuelgue de la pared muy plana se pueden pegar detrás algunas láminas de corcho y fijarla después con uno o dos colgadores. Otros soportes para pintar pueden ser tablas de madera, placas de aglomerado semicompacto y tableros. Sobre estas bases se puede pintar muy bien y emplastar, pero son más pesadas.

Pastas para modelar

Existen distintos tipos de pastas para modelar en el mercado. Las pastas compactas se mantienen rígidas y son muy adecuadas para aplicar capas gruesas, es decir, para llevar a cabo estructuras rugosas. Con ellas se puede imitar muy bien la mampostería y también se pueden crear patrones.

Las pastas para modelar blandas son más fáciles de emplear e, incluso, se pueden aplicar con pincel. También son adecuadas para trabajar con espátula. Cuando las pastas para modelar se secan, adquieren distintas tonalidades de blanco. Las de color blanco puro pueden dejarse sin pintar y las más amarillentas deberían repintarse siempre.

Existen pastas que llevan incorporados arena y copos artificiales. Resultan adecuadas para estructuras grandes y superficies. La pasta también se puede mezclar con arena de construcción o arena para pájaros fina. Todas las pastas se pueden juntar, además, con pintura acrílica; en ese caso, se obtienen tonos de color pastel.

Servilletas

Los motivos que decoran las servilletas son casi inagotables. Existen de todos los colores y formatos. Si se desean combinar distintas servilletas, deben tenerse en cuenta las proporciones.

Pinturas acrílicas

La pintura acrílica se adhiere bien, es fácil de aplicar, tiene un color vivo y es tan elástica que, incluso aplicando una cantidad gruesa (pastosa), no se crean grietas. Se pueden mezclar unas con otras y se pueden diluir con agua. Si se diluyen demasiado, el color se vuelve mate.

Pincel

Dado que los pinceles de tipo cepillo se someten a una gran presión sobre soportes rugosos, es mejor utilizar pinceles baratos y renovarlos según la necesidad. Los pinceles acrílicos son iguales que los pinceles de tipo cepillo, pero más suaves y con cerdas más finas. Los colores se dejan aplicar finamente sin que se vean los trazos. Con pinceles de pelo se trazan líneas suaves; por esto es recomendable comprarlos de calidad.

Plantillas

Con una plantilla se pueden crear muchas formas idénticas. Éstas pueden ser de cartón, pero las más adecuadas son las de gomaespuma. Son fáciles de cortar y se pueden utilizar varias veces. (Deben lavarse con agua tras cada uso. Una vez secas, pueden utilizarse para la siguiente figura.

Laca espray

Al pintar sobre bastidores con servilletas se crean en el cuadro superficies mates, rugosas o brillantes a causa de las distintas técnicas empleadas. Por esta razón, una vez finalizada la obra, ésta se pulveriza con barniz mate satinado.

Material para esparcir

Arena, azúcar para decorar, piedrecitas de tipo abalorio y lentejuelas, rocallas y otros materiales pequeños y ligeros pueden extenderse al final sobre cola o pegamento. Aportan estructura al cuadro y le confieren un toque original, pero, antes de extenderlos, debe prepararse un soporte de papel con el que puede recogerse el material sobrante para depositarlo en un recipiente.

Doble un periódico por la mitad y refuerce el dobladillo con la uña; a continuación, desdóblelo. Coloque el cuadro. Ahora aplique cola para madera, si fuera necesario, extiéndala con el pincel de manera que la cola se vuelva transparente. Vierta el material por encima y luego sacuda el material sobrante sobre el periódico. Finalmente vierta los restos que están encima del periódico en un recipiente. Si se desea incorporar material más grande (p. ej., conchas), éste debe engancharse antes y después cubrirse con cola.

Tulipanes de tres colores

Para crear el cuadro grande, pegue las servilletas unas junto a otras. Aplique con cuidado la pasta para modelar con la espátula por encima y por debajo de los tulipanes y levántelos con una espátula de diente fino. Ponga al descubierto la parte inferior de los tallos de los tulipanes con una espátula delgada de manera que los tallos se puedan completar pictóricamente.

Pinte la pasta para modelar de color vainilla. Luego aplique la pátina sobre las superficies estriadas y retírela de nuevo con un paño. Friegue la pátina con el pincel en los bordes del cuadro y entre las flores de manera que se forme una bonita zona de transición hacia el centro de color vainilla.

Ahora complete los tallos hacia abajo. Se pintan con la técnica de pintar sobre mojado. Las superficies y las líneas oscuras se pintan con azul claro. Con azul oscuro pinte los bordes de los lados. Con verde oliva, las superficies más oscuras y con color amarillo junco, las claras. Si fuera necesario, retoque los contornos con verde oliva y verde oscuro.

Tras el secado, aplique sobre un periódico barniz satinado con espray.

En el cuadro pequeño se trabaja de la misma manera, pero los tallos no se tienen que alargar con pintura ya que el bastidor es más pequeño. Al alisar las flores éstas quedan cubiertas en parte. Por esta razón deben estirarse con la espátula unos 2 mm por encima de los tulipanes. Las flores deben limpiarse inmediatamente con bastoncitos de algodón, primero en forma húmeda, después seca. Se coloca un periódico debajo y a continuación se aplica barniz satinado.

Material

- Material básico (v. pág. 28)
- Bastidor (30 x 60 cm y 20 x 20 cm)
- Servilleta con motivos de tulipanes
- Barniz satinado
- Pintura acrílica de color vainilla, azul, verde oscuro, verde oliva y amarillo junco
- Pátina en verdete

Recorte los dos motivos de la servilleta, marque con lápiz los ángulos de referencia. Extienda irregularmente la pasta para modelar, deje libres los cuadrados para los motivos florales o bien rásquelos. Rasque dos rectángulos. Con el mango de un cucharón trace una ranura alrededor de todo el cuadro. A continuación déjelo secar todo bien.

En la esquinas de los rectángulos extienda 1 mm de pasta para modelar espesa. Extiéndala y dibuje las hojas y las mariquitas con un palillo de brocheta. A continuación límpielo bien.

Ahora pegue las servilletas con pegamento. Pinte el cuadro de amarillo y naranja, menos las servilletas y los rectángulos.

Finalmente pinte los rectángulos de color verde oliva, coloque un periódico debajo del cuadro y rocíe con barniz satinado todo el cuadro.

Margaritas y mariquitas

Material

- Material básico (v. pág. 28)
- Bastidor (30 x 40 cm)
- Servilleta con margaritas y mariquitas
- Cuchara de palo
- Pintura acrílica amarilla, naranja y verde oliva
- Barniz satinado

Frutas

Corte los motivos de la servilleta y marque con lápiz los ángulos de referencia en la cartulina para pintar.

Extienda la pasta para modelar de forma irregular, deje los rectángulos libres para los motivos o bien rásquelos. Alise la superficie con líneas planas. Para ello deje una capa de pasta de 1 o 2 mm.

Dibuje los frutos abstractos y las palabras con el palillo de brocheta. A continuación límpielo bien.

Acto seguido, para los gajos de manzana prepare, según el ejemplo, una plantilla de gomaespuma. Después dibuje tres gajos de manzana y, tras cada aplicación, limpie y seque bien la plantilla. Corte los trozos de manzana de la servilleta y a continuación péguelos sobre los gajos de la plantilla.

Pegue las servilletas. Cubra el cuadro con azul claro, azul marino y azul caribe. Pinte puntos rojos y a continuación coloque el cuadro sobre un periódico viejo y rócielo con barniz satinado.

Enmarque el cuadro o bien sujételo por la parte posterior con láminas de corcho (1,5 cm). Incorpore, además, un par de colgadores con cola de montaje.

Material

- Material básico (v. pág. 28)
- Cartulina para pintar (30 x 40 cm)
- Gomaespuma
- Servilleta con distintas frutas
- Barniz satinado
- Pintura acrílica de color rojo cereza, azul claro, azul marino oscuro y azul caribe
- Corchos
- Colgadores para cuadros
- Cola de montaje

Dibujo de muestra.

Animales de la granja

Recorte cada animal de la servilleta y péguelo. Extienda la pasta para modelar alrededor del motivo sin tocar el animal.

Pinte el cielo de color azul claro, las distintas colinas de amarillo, magenta, rojo cereza, verde claro y azul caribe, y también una superficie amarilla en el primer plano con cuadros rojos. Tras el secado añada una franja de color verde caribe.

Cubra la superficie de color azul claro con azul oscuro, amarillo con naranja, magenta y color rojo cereza con burdeos.

Puntee el cielo de blanco con el mango del pincel y en las superficies de color verde claro puntee las florecillas con amarillo y rojo cereza. Pinte los contornos con colores armónicos.

Pinte las ovejas en blanco, pinte sombras con forma de nube de color azul claro en la pintura húmeda. Pinte las caras y las patas de color negro. Para marcar los ojos, pinte un punto gris, para los hocicos una raya gris.

Dibuje un punto en el ojo. Destaque la nariz y las orejas con magenta y aclárelas inmediatamente con blanco. A continuación aplique claros de luz en ojos y nariz con blanco.

Pinte la vaca de color negro y blanco. En la pintura húmeda pinte sombras de color azul y claros en blanco. Pinte las orejas con pintura de color gris claro. Coloree con magenta las ubres y el morro y aplique sobre la pintura húmeda puntos de luz con blanco.

Pinte los cerdos de color magenta, destaque los claros con blanco en el color magenta húmedo. Coloree de negro la boca, la nariz, los ojos, las manchas y el morro. Con color gris suave pinte claros. Con un palillo marque los ojos.

Una vez secos, coloque todos los cuadros de animales sobre un periódico y rocíelos con barniz satinado.

Material

- Material básico (v. pág. 28)
- 4 bastidores (20 x 20 cm)
- 4 servilletas con motivos animales
- Barniz satinado
- Pintura acrílica de color amarillo, naranja, rojo cereza, burdeos, magenta, azul claro, azul oscuro, verde caribe, verde claro, gris claro, blanco y negro

Playa del mar del Norte

Pegue la servilleta completa con las casitas de baño. Recorte el faro con los sillones de mimbre de la segunda servilleta y péguelos en el cuadro.

Pinte el cielo con una mezcla de azul celeste, azul marino y blanco. Añada nubes con ligeros toques.

Destaque la raya del horizonte con azul de París. Pinte el agua con una mezcla de azul marino y azul de París; pinte pequeñas franjas de color verde oliva, verde caribe, azul de París y blanco.

Cubra la playa con color arena. Aplique una mezcla de amarillo y vainilla, y otra de amarillo, terracota y arena. Cree claros de amarillo vainilla. Cubra la estrella de mar de cerámica con color terracota y matícela con una pátina de blanco antiguo.

A continuación aplique la plantilla de gomaespuma con el motivo del sol. Con una espátula expanda la pasta para modelar. Tras cada aplicación, limpie y seque la plantilla.

Emplaste la playa con pasta para modelar creando pequeñas dunas. Añada inmediatamente las conchas, los caracolillos, la madera flotante, la estrella de mar, los erizos de mar, y coloree las partes emplastadas de la playa tal y como se ha descrito anteriormente.

Cubra con cola para madera las pequeñas superficies, así como la parte inferior del cuadro alrededor de las conchas. Cuanto más fina sea la aplicación, más transparente será la superficie de arena. Vierta por encima la arena y después recoja los restos con un periódico.

Coloque el cuadro sobre un periódico viejo y rócielo con un espray de barniz satinado. Corte los zarcillos con las tijeras. Engánchelos con cianocrilato entre las conchas y en forma de mata sobre las dunas.

Enmarque el cuadro o bien sujételo por la parte de detrás con láminas de corcho (1,5 cm). Incorpore, además, un par de colgadores con cola de montaje.

Material

- Material básico (v. pág. 28)
- Cartulina para pintar (40 x 50 cm)
- Servilleta con casitas de baño
- Servilleta con faro
- Plantilla 3D con el sol como motivo
- Pintura acrílica de color vainilla, amarillo, naranja, verde caribe, verde oliva, azul celeste, azul marino oscuro, azul de París, arena, terracota y blanco
- Pátina de color blanco antiguo
- Erizo de mar; caracolillos; guirnalda de hojas de té
- Estrella de mar de cerámica
- Barniz satinado; periódico viejo
- Tijeras
- Cola para madera ultrarrápida
- Corcho; colgadores para cuadros
- Cola para montaje
- Pegamento de cianocrilato

Gaviota

Pegue toda la servilleta. Cree el cielo mezclando azul celeste, azul marino oscuro y blanco. Aplique la mezcla hasta los bordes del cuadro.

Emplaste el agua. Ponga mucha pasta para modelar las estacas de madera, la mayor parte en el medio. A continuación cree las ranuras con un palillo para brochetas.

Pinte el agua de color azul celeste y déjela secar; a continuación cúbrala con azul marino. Con un pincel de tipo cepillo tome un poco de blanco y extiéndalo cuidadosamente sobre los montículos creados con la pasta para modelar.

Después pinte las estacas en la arena y déjelas secar. Con un pincel de tipo cepillo tome un poco de pintura marrón claro y cree estrías verticales en los montículos de pasta para modelar. Aplique una pátina de marrón óxido.

Prepare las plantillas para las conchas y los caracolillos de gomaespuma siguiendo el modelo que se muestra en la parte inferior de esta página. Extienda la pasta para modelar voluminosamente. Tras cada aplicación, limpie la plantilla y séquela. Finalmente coloque el cuadro sobre un periódico viejo y pulverice con barniz mate.

El cuadro se puede fijar bien con un marco o con corchos en la parte posterior. Para ello, corte los tapones de corcho en láminas de 1,5 cm de grosor y péguelos con cola de montaje. A continuación añada colgadores para cuadros.

Plantillas de muestra.

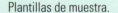

Material

- *Material básico (v. pág. 28)*
- *Cartulina para pintar (24 x 30 cm)*
- *Servilleta con motivo de gaviotas*
- *Gomaespuma*
- *Pátina de color marrón óxido*

- *Pintura acrílica de color azul celeste, azul marino oscuro, arena, blanco y marrón claro*
- *Colgadores para cuadros*
- *Tapones de corcho*
- *Cola para montaje*

40

La mesa puesta

En primer lugar pegue la servilleta sobre el centro del bastidor. Extienda la masa para modelar y deje libre la escena de la mesa. Si algo de pasta ha ido a parar encima de la servilleta, retírela con un bastoncito de algodón. Aparte de esto, esculpa gráficamente los bordes de la mesa con pasta para modelar.

Para ello extienda la pasta para modelar sobre una espátula de unos 6 cm, como mínimo. Aplique una tira amplia para todo el perfil de la mesa. Con una espátula plana (de 10 cm de ancho, por lo menos) retire horizontalmente los distintos montículos. Trabaje los bordes pequeños con una espátula más fina.

Pinte la pasta para modelar seca de color azul celeste. Pinte el cielo con un poco de azul marino. A continuación emplaste las nubes sobre el cielo. Elabore una mezcla de gris claro y azul cián, en una proporción de dos por uno, y con ella sombree las nubes.

Pinte el fondo con hojas de color verde oliva, verde abeto y reseda. Pinte la mesa de color marrón claro y arena con la técnica de pintar sobre mojado. Ponga un poco de verde oliva y reseda en la pintura húmeda. Barnice todos los bordes del bastidor. Tras el secado, pulverícelo todo con barniz mate.

Corte un pico de un paño de cocina y cúbralo con fijador para decoración. El paño se volverá rígido y a la vez se adherirá. Doble la esquina, pegue el paño de cocina sobre el borde de la mesa y dóblelo por detrás del marco. Para que éste no se pegue totalmente al cuadro coloque una lámina de papel detrás del paño.

Finalmente y para crear las mariquitas, con la ayuda de unas tijeras de jardín divida una bolita de madera y pegue las dos partes sobre el mantel. Pinte los puntos negros y las patitas.

43

Material

- Material básico (v. pág. 28)
- Bastidor (24 x 30 cm)
- Servilleta con un bodegón campestre
- Perla de madera de color rojo (6 mm)
- Tijeras para jardín
- Paño de cocina, con cuadros azules y blancos
- Fijador para decoración
- Pintura acrílica de color azul celeste, azul cián, azul marino oscuro, verde abeto, verde oliva, reseda, arena, marrón claro, gris claro y negro
- Barniz mate en espray
- Pegamento o cola

Decoraciones

Plantas

El voqui quilo (una planta trepadora de Nueva Zelanda) es la base de muchas coronas y guirnaldas. Este material se puede encontrar en tiendas de bricolaje o en floristerías.

Las flores indicadas, las plantas y la tierra para plantas se pueden adquirir en tiendas especializadas.

Los distintos objetos sueltos que indicamos a continuación pueden ser sustituidos por otros. Muchas de las hojas, flores y frutos pueden encontrarse en los linderos de caminos, en el bosque o en el propio jardín.

Alambres

Las varillas de alambre de 1,2 mm son muy adecuadas para ligar velas y agujerear bulbos antes de que éstos sean colgados de alambres más finos. Las varillas de alambre de distintos grosores se pueden adquirir cortadas y de distintas longitudes. Las empleadas en este libro miden 40 cm.

Con alambre de color oro y cobre (Ø 25 mm aprox.) se pueden preparar guirnaldas de fieltro, flores y perlas. Este tipo de alambre se vende en forma de rollo y es muy decorativo.

El alambre de mirto (Ø 0,3 mm) se utiliza para elaborar coronas de flores pequeñas. El alambre elástico (Ø 1,2 mm) de brillo mate resulta adecuado para detalles decorativos.

Espuma para flores frescas

La espuma para flores frescas se puede adquirir en floristerías y tiendas de bricolaje. Se puede encontrar en forma de ladrillo o como base para coronas florales. Este material se puede cortar fácilmente con un cuchillo.

Material y lugar de trabajo

Tijeras de jardín, cuchillo de cocina, tijeras de cocina, lápiz, cartón, alicates universales, una plancha antigua y una pala pequeña son necesarias para todos los modelos. Estos utensilios ya no se mencionarán en los siguientes apartados sobre material. Como lugar de trabajo resulta adecuada una mesa alta apoyada sobre un suelo fácil de limpiar.

Trabajar con flores frescas

Para que las flores y las ramas estén óptimamente provistas de agua, córteles el tallo en diagonal con un cuchillo. Retire las hojas inferiores y cambie el agua cada día.

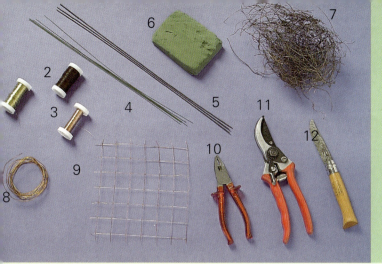

Material y técnica

1 Alambre dorado
2 Alambre de mirto
3 Alambre de cobre
4 Varilla de alambre (Ø 0,6 mm)
5 Varilla de alambre (Ø 1,2 mm)
6 Espuma

7 Voqui quilo
8 Alambre elástico
9 Tela metálica
10 Alicates universales
11 Tijeras de jardín
12 Cuchillo

Crear guirnaldas

Corte 2 m de alambre dorado o cobre.

Enhebre las perlas en el alambre. A continuación gire la perla de manera que el material quede fijo.

Recubra los trozos de fieltro con el alambre.

Recubra los tallos o los frutos con el alambre.

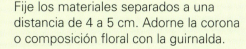

Fije los materiales separados a una distancia de 4 a 5 cm. Adorne la corona o composición floral con la guirnalda.

Preparación de colgantes

Para la suspensión prepare un cordón de alambre. Para colgar la rama, doble un trozo de alambre. Entrelace los dos cabos del doble alambre alrededor de los extremos de la rama. Sujete el alambre por el centro y cuélguelo.

Según sea el tamaño de la rama, corte entre 30 y 50 alambres de cobre o dorado de la misma longitud.

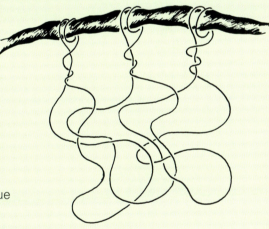

Cuelgue un alambre por medio de la rama y debajo de ésta enlace los cabos del alambre. Continúe así hasta que todas las piezas de alambre queden fijas.

Finalmente coloque los materiales en los alambres.

Dorar las hojas de hiedra

Seque las hojas de hiedra con la plancha y alíselas, déjelas enfriar. Rocíelas con espray por un lado y déjelas secar alrededor de una hora. A continuación rocíe el otro lado de la hoja y también déjelo secar.

Rejilla floral

Para colgar la rejilla, doble un trozo largo de unos 3 m de alambre de cobre y fíjelo en los dos extremos del enrejado. Cuelgue la rejilla de alambre.

Distribuya horizontal y verticalmente ajedrea y genista por las mallas de la rejilla. Éstas deben quedar sueltas.

Coloque por separado las rosas de papel dentro de las mallas individuales.

Con los palillos de madera pinche los bulbos. Colóquelos entre las rejillas.

Con un clavo haga un agujero en los caparazones de los caracoles.

Fije en los alambres las coronas de voqui quilo, las conchas de caracol y las figuritas de madera y cuélguelas de la rejilla.

Desprenda las flores de los tallos y junto a otros materiales (plumas, cortezas, pétalos de tulipán y bolas de algodón) cree guirnaldas y cuélguelas del enrejado. Fije en la rejilla los extremos de las guirnaldas.

Con la ayuda de un clavo haga un agujero en las hojas de la planta del dinero y átelas al enrejado con alambre de cobre.

Material

- Tela metálica de cobre (35 x 50 cm)
- 2 coronas de voqui quilo (Ø 5 cm)
- 4 hojas de la planta del dinero de color amarillo
- 3 hojas de la planta del dinero de color natural
- 10 ramitas de ajedrea o voqui quilo

- 3 ramitas de flores de tipo Immortelle teñidas de verde
- 20 pétalos secos de tulipán de color rojo
- Ramitas pequeñas de hiniesta
- 10 bulbos
- Corteza
- 10 plumas
- Conchas de caracol

- 1 ramita con flores de seda blancas
- 6 varillas de madera de color naranja
- 7 bolas de algodón blanco (Ø 2 cm)
- 6 figuritas de madera de color naranja, con un motivo de flor (4 cm)
- 5 rosas de papel amarillas (4,5 cm)
- 1 clavo
- Alambre de cobre

Nidos pequeños

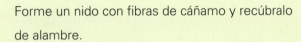

Forme un nido con fibras de cáñamo y recúbralo de alambre.

Enhebre las perlas de vidrio en el alambre y fije cada perla a una distancia de 3 cm (v. instrucciones de la pág. 44).

Rodee el nido con la cadena de perlas y fíjela al alambre del nido.

Coloque los huevos en los nidos.

Material

- *Huevo blanco de gallina*
- *Huevo de codorniz*
- *Cáñamo de color amarillo suave, en verde*
- *Perlas de vidrio de distintos tamaños y colores*
- *Alambre de cobre*

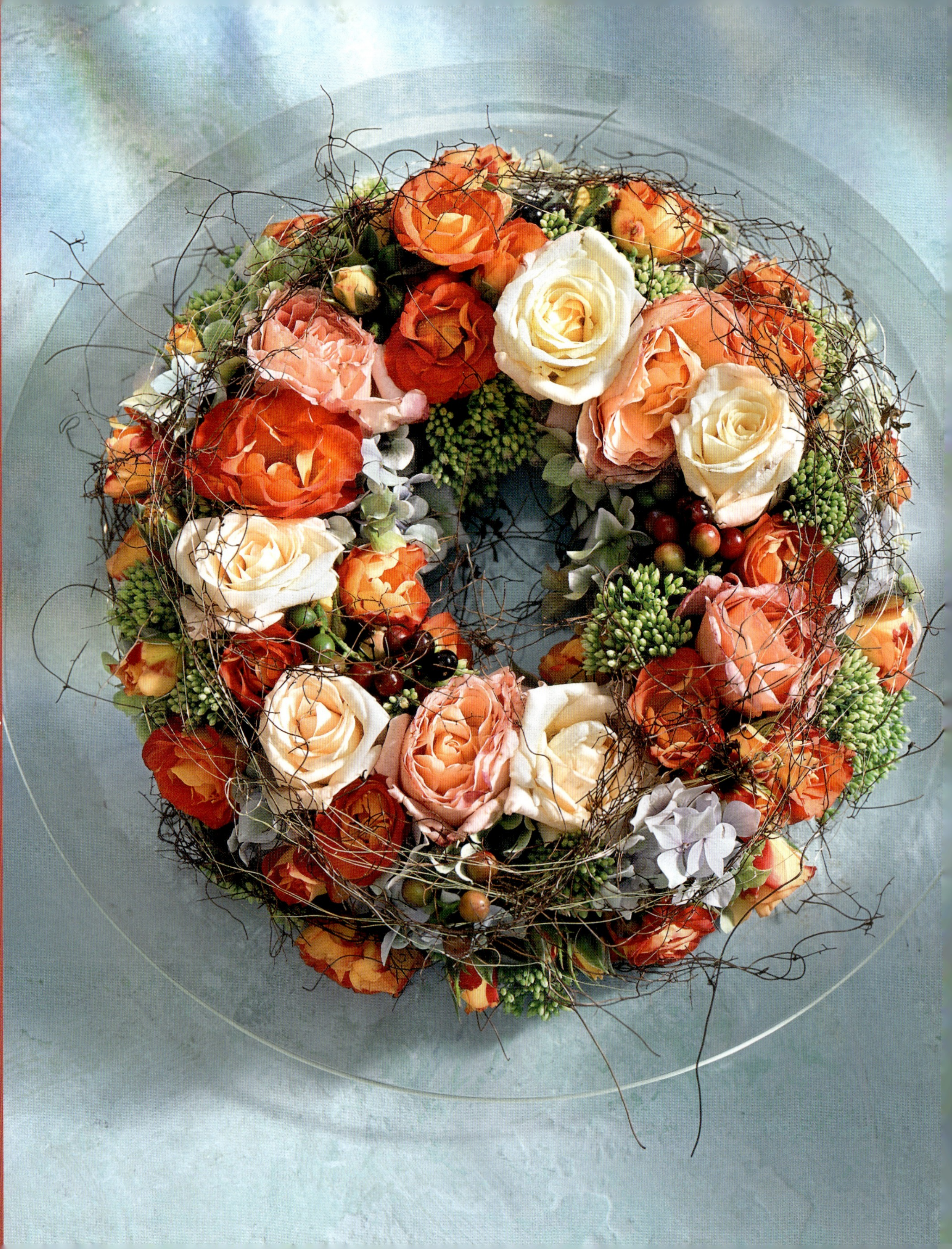

Corona de flores

Remoje la base de la corona durante 30 minutos.

Coloque el voqui quilo debajo de la base de la corona y recúbralo con alambre dorado (v. ilustración).

Clave los tallos de las rosas híbridas de té a unos 3–4 cm y repártalos regularmente sobre la base de la corona.

Distribuya las flores de hortensia, *Sedum* y rosas rumba e insértelas en la base de la corona.

Divida la varilla de alambre en secciones de 10 cm. Recubra con ellas los tallos de laurel cerezo e insértelos en la corona.

Finalmente disponga un par de zarcillos de voqui quilo sobre la corona y recúbrala con alambre dorado.

Material

- 1 base de espuma para flores (Ø 25 cm aprox.)
- Voqui quilo
- 10 rosas de color crema y rosa
- 6 ramitas de rosas rumba de color naranja
- 3 tallos de Sedum *(uva de pájaro o siempreviva)*
- 3 flores de hortensia de color azul
- 3 frutos de laurel (u otras bayas, como escaramujo)
- Alambre dorado
- Varilla de alambre (Ø 0,6 mm)

Colgador aéreo

Para colgar la rama, doble un trozo de alambre de cobre de 2 m. Entrelace los dos cabos del doble alambre alrededor de los extremos de la rama. Sujete el alambre por el centro y cuélguelo.

Corte alrededor de 50 alambres de 1,50 m. Cuelgue un alambre por encima de la rama y una los dos cabos por debajo de la misma. Haga lo mismo con todos los alambres hasta que estén fijos.

Parta las ramitas de olivo en trozos pequeños, repártalas regularmente por la cortina de alambre y fíjelas entrelazándolas.

Complete con la planta pan y queso, los pétalos de rosa y la planta de plata.

Véase las instrucciones de la página 45.

Material

- 1 rama gruesa
- 20 hojas de planta de plata
- 2 ramitas de olivo
- Pétalos secos de rosa de color rojo
- 5 tallos de planta pan y queso o gramínidas
- Alambre de cobre

Maceta con rosas

Corte la espuma de manera que la parte superior quede justo en el borde de la maceta. A continuación extraiga la espuma floral de la maceta, remójela unos 5 minutos y colóquela de nuevo en el recipiente.

Limpie los tallos y los zarcillos de espinas y hojas, y córtelos a unos 4 cm.

Inserte una rosa en el centro de la espuma floral. Clave a su alrededor las otras rosas, el *Sedum* (uva de pájaro o siempreviva) y las moras de manera que formen una especie de cúpula.

Envuelva el borde del adorno floral y la maceta con voqui quilo y entrelácelo con alambre de cobre. Fije pequeñas moras y umbelas en el alambre de cobre.

Material

- 1 maceta de arcilla sin agujero, con interior esmaltado (Ø 10 cm, altura: 14 cm)
- 10 rosas
- Sedum *(uva de pájaro o siempreviva) u hortensias*
- Moras con bayas verdes u otro tipo de bayas
- Voqui quilo
- Espuma para flores frescas
- Alambre de cobre

Colores otoñales

Enrosque el alambre de mirto alrededor de la mano, dé unas 10 vueltas y córtelo. Entrelace los alambres unos con otros y dóblelos para hacer una corona.

Agrupe la hierba y forme un cordón largo. Envuélvalo con alambre de mirto y forme un círculo. Fije las puntas con alambre.

Corte alrededor de 50 cm de alambre de mirto y fíjelo a una corona de alambre o hierba.

Enrolle algunas hojas o dóblelas y colóquelas junto a los frutos en el centro del alambre de mirto.

Material

- *Hierba (fresca y de tallos largos)*
- *Hojas* (Ginkgo)
- *Capulí o tomate silvestre*
- *Guindilla*

- *Manzano chino teñido*
- *Hojas de tipo esqueleto de distintos colores*
- *Alambre de mirto*

Corona con bayas

Recubra la corona con alambre dorado.

Coloque la mitad de las bayas, paso a paso, sobre la corona y dirija el alambre por encima de los tallos de las bayas.

Añada el resto de las bayas sueltas, fijando sus tallos al alambre dorado de manera que formen una cadena. Entrelace la cadena alrededor de la corona.

Entrelace más alambre dorado para fijar y decorar la corona.

Si así lo desea, añada algunas hojas otoñales en zonas libres de la corona y fíjelas en el alambre dorado.

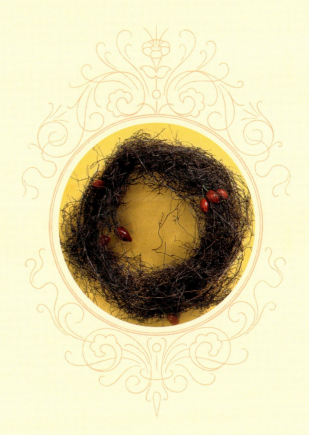

Material

- Corona de voqui quilo (Ø 27 cm)
- Distintos frutos (escaramujo, serba y callicarpa/bayas bonitas)
- Hojas con tonos otoñales
- Alambre dorado

Corazón otoñal

Forme un rollo largo con la tela metálica y dóblelo por la mitad. Doble las puntas para crear la forma de un corazón y júntelas. El pliegue formará la punta del corazón (v. ilustración).

Reparta el heno sobre el corazón de alambre y recúbralo con alambre dorado.

Distribuya las flores del tipo farolillo debajo del alambre; también puede envolverlas con alambre dorado. Reparta rosas pequeñas de papel alrededor del corazón y clave los cabos del alambre en el heno.

Fije las guindillas y las umbelas de las serbas con sus tallos por separado al alambre dorado de manera que formen una larga cadena. Ate las dos cadenas alrededor de la corona, procurando que queden sueltas, y fíjelas con alambre dorado. Adorne el corazón con hojas de hiedra.

Material

- Tela metálica (130 x 35 cm)
- Heno
- 15 flores del tipo farolillo (Physalis)
- 15 guindillas
- 20 rosas de papel de color naranja, con alambre, aproximadamente
- 4 umbelas de serbas u otras bayas
- 30 hojas de hiedra aproximadamente
- Alambre dorado

Hiedra dorada

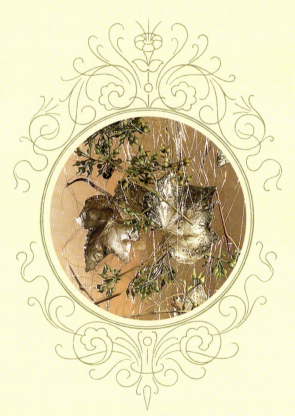

Para colgar la vara de canela, corte un trozo de alambre dorado (1,50 m) y tiéndalo en sentido doble. Enrolle ambos cabos del alambre a los extremos de la vara de canela. Agarre el doble alambre por el centro y cuélguelo.

Corte unos 30 alambres de 1 m de longitud. Cuelgue un alambre por medio de la vara y enlace los extremos por debajo de ésta. Prosiga así hasta que todos los alambres queden fijos.

Dore las hojas de hiedra (v. pág. 45) y fíjelas al alambre junto a las infrutescencias de eucalipto. Envuelva los tallos con los alambres colgantes.

Material

- 20 hojas de hiedra
- 2 tallos de infrutescencias de eucalipto
- Vara de canela de unos 30 cm
- Alambre dorado
- Espray dorado

Véanse las instrucciones de la página 45.

Pirámide
con manzanas

Enrolle la tela metálica creando un cono y colóquelo con la punta hacia arriba en una maceta de arcilla.

Cúbralo con voqui quilo y envuélvalo bien con alambre de cobre.

Inserte en la pirámide las infrutescencias de eucalipto, las bayas de acebo y las hojas de acebo sueltas.

Fije los frutos de manzano japonés con sus tallos a un trozo de alambre de cobre de manera que formen una guirnalda y distribúyala regularmente sobre el adorno floral.

Material

- *Maceta de arcilla (Ø 12 cm)*
- *Tela metálica (60 x 35 cm)*
- *Voqui quilo*
- *Infrutescencias de eucalipto*
- *3 ramas de acebo (Illex) con hojas y frutos*
- *20 frutos de manzano japonés*
- *Alambre de cobre*

Vela de adviento

Haga una corona con voqui quilo. Ésta debe ser lo suficientemente grande para que quepa un cirio.

Recubra la corona con alambre dorado.

Divida el tejo y reparta los trozos de forma regular por toda la corona. Coloque el voqui quilo.

Parta en trozos pequeños las rodajas de naranja, la corteza y la pimienta.

Prepare guirnaldas con los distintos materiales (estrellas, pimienta, naranjas, corteza, anís y pétalos de rosa) y enlácelas alrededor de la corona.

Adorne la corona con filamento dorado.

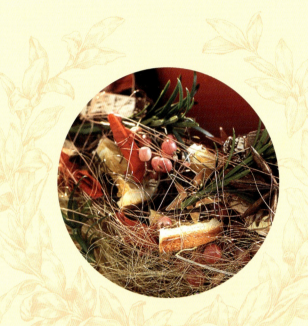

Material

- Una vela de tipo cirio de color naranja (Ø 7 cm, altura: 12 cm)
- Voqui quilo
- 10 anises estrellados
- Pétalos de rosa rojos
- 1 rama de tejo
- 3 rodajas de naranja secas
- 10 estrellas de metal de color oro (1 cm)
- 1 ramita de pimienta rosa
- 1 trozo de corteza
- Filamento dorado para decorar

Celebraciones

Existen muchas razones para celebrar una fiesta:
festividades religiosas, como Pascua o Navidad,
pero también celebraciones modernas como Halloween.
Y naturalmente, otras ocasiones que se presentan a lo largo
del año, como una barbacoa veraniega o una romántica
fiesta de primavera.
Todas las festividades tienen algo en común: sirven
para reunir a los amigos y la familia, las personas
que uno más quiere, para así disfrutar juntos de los buenos
momentos de la vida. Aproveche todas estas oportunidades
y disfrute con ellas.

Celebraciones

Las fiestas más importantes del año hacen la vida más placentera.

Pascua moderna

De colores pastel y acabado natural

Con suaves colores pastel y ramitas lacadas en blanco es posible crear una maravillosa decoración de Pascua. Un pequeño arreglo con lirios y huevos blancos en una taza de porcelana antigua y ya tenemos un lujoso y romántico adorno.

Los huevos naturales quedan muy bien en un jarrón de cristal alto, especialmente los de gallina, codorniz, pato y oca.

La ilustración circular muestra que las pequeñas cajas de madera con hierba y galletitas en forma de liebre, además de resultar muy decorativas, son ideales para ir picando entre charla y charla durante la hora del café del domingo de Pascua.

Con la Pascua se inicia la primavera. Comienzan a brotar las hojas y a despuntar las primeras flores.

71

Felicidad variopinta

La Pascua es alegre. No sólo los niños se divierten pintando huevos y comiendo liebres de chocolate. La temperatura sube y nos alegramos ante los primeros y cálidos rayos de sol. Incluso ya es posible sentarse en el jardín para ver el cielo azul.

La ilustración más grande de la derecha muestra que existen tulipanes de todos los colores. Un amarillo intenso combinado con tonos rojos y blancos aporta luminosidad a la mesa de Pascua. Huevos pintados de colores y dispuestos de forma arbitraria sobre el mantel dan alegría y colorido.

Las servilletas con forma de liebres de Pascua que se ven en la ilustración de abajo son muy fáciles de preparar: doblando la parte inferior y superior una la servilleta por la mitad de manera que se forme un rectángulo de tres capas. A continuación coloque un dedo en el centro del borde superior y pliegue el lado derecho hacia abajo y hasta el centro. Haga lo mismo con el lado izquierdo. Ahora pliegue la esquina inferior derecha diagonal hacia el centro. Repítalo con la esquina izquierda. Pliegue de nuevo estas esquinas hacia el centro: primero, la mitad derecha y, a continuación la mitad izquierda. Después gire la punta superior hacia abajo y finalmente dele la vuelta a toda la parte. Ahora pliegue el pico hacia arriba y doble hacia atrás las puntas laterales. Monte la figura y dele forma a la liebre.

Pascua con gran colorido

Con colores luminosos
y huevos pintados con tonos
alegres el día empieza bien.

El despertar de la primavera

Fiesta de la primavera

La fiesta de la primavera se celebra con flores y plantas, pues la naturaleza se despierta, los días son más largos y ¡por fin se ha terminado el invierno!

Lo jacintos colocados en un jarrón de cristal duran mucho tiempo y desprenden un fantástico aroma. Hay ranúnculos, también denominados francesillas, de muchos colores y transportan la primavera a nuestro hogar. Las lilas azules o blancas son flores muy románticas. Los tallos altos también quedan muy bien en macetas de metal.

Fiesta veraniega en el campo

Las fiestas sociales de verano también pueden resultar muy agradables.

Disfrutar al aire libre

¿Por qué no un lema? En la página de la izquierda y en ésta puede verse un despliegue de tipismo bávaro. Sobre un mantel a cuadros blanquiazules y lazos, pequeñas rosquillas saladas y una jarra rústica representan los típicos objetos bávaros. Un ramo con lúpulos y flores de lúpulo embellecen el conjunto. Una corona de lúpulos también es algo muy especial. Las rosquillas de tipo *brezel* que cuelgan de lazos con cuadros blanquiazules dan un toque divertido. En la ilustración superior izquierda se ven hierbas aromáticas frescas dentro de un cesto rústico engalanado que aporta alegría a la mesa. El aroma a especias despierta el apetito. Repartidas por la mesa encontramos guindillas rojas y verdes. Los farolillos de la ilustración superior central alumbran la velada. Cuando empiece a anochecer envolverán de cálidos tonos el ambiente.

Verde y púrpura

Una comida al aire libre no tiene por qué dejar de ser elegante. En la ilustración de la derecha puede apreciarse cómo una fina cubertería, copas de cristal y un bonito mantel resultan elegantes y exquisitos. Un adorno floral creativo aporta un toque veraniego a la mesa.

Los aperitivos marcados con el nombre y que usted puede ver en la ilustración superior izquierda han sido preparados con mucho cariño y hacen sentirse muy especiales a los invitados.

Las servilletas del centro aportan, gracias al lino de tonos verdes, una sensación de frescor y elegancia. Las ramitas de romero, aparte de quedar bien cromáticamente, desprenden un agradable aroma. La servilleta está elegantemente plegada. Doble la servilleta dos veces por el centro de manera que se forme un cuadrado. Pliegue el cuadrado en diagonal hasta formar un triángulo. Junte por detrás las dos partes inferiores del triángulo y monte la servilleta, doblando hacia abajo la capa de tela delantera. En la ilustración inferior de esta página y en la de la derecha puede comprobarse que las flores no siempre han de ser de colores. Hierbas como el romero o el eneldo o flores verdes que, como la milenrama, más bien parecen hojas son refrescantemente diferentes. En lugar de jarrones se han utilizado viejas latas de té y copas de vino tinto.

Comida veraniega

Es posible crear un ambiente idóneo mediante un bufet dulce a base de pasteles y pastas con motivos florales, y flores, como decoración.

Bufet

Bufet

Un bufet le ofrece a usted y a sus invitados la posibilidad de moverse y de charlar unos con otros sin estar sujetos a la inmovilidad que conlleva sentarse alrededor de una mesa. La comida puede agruparse según sean los platos, es decir, todos los primeros platos juntos, seguidos de los segundos platos y postres, o bien se pueden mezclar para crear más colorido y diversidad.

Las comidas frías y calientes en forma de corazón causan un efecto muy dulce. En el bufet con pasteles de la izquierda puede ver pastas pequeñas elaboradas con masa quebrada y decoradas con corazones, estrellitas y rombos. En la ilustración superior derecha se muestran corazones de pan negro elaborados con moldes de galleta y untados con requesón de finas hierbas y rodajas de rábano.

Barbacoa

La mejor forma de celebrar el verano es con una barbacoa. Aire fresco y platos aromáticos, ¿qué más se necesita?

Naturalmente agradable

En una barbacoa, las fuentes y los recipientes de cerámica de todo tipo son la manera más atractiva de presentar las ensaladas y la comida braseada. Las servilletas pueden colocarse en el bufet en forma de montoncito o bien pueden presentarse atadas junto a los cubiertos.

De esta manera, el invitado tiene todo lo que necesita a su alcance. Flores de jardín en latas o en jarrones antiguos transmiten un ambiente agradable. Y cuando empieza a oscurecer, velitas de té dentro de un saquito indican el camino hacia el interior de la casa.

Final del verano y otoño

Cuando las hojas comienzan a cambiar de color y las tormentas de otoño empiezan a levantar el follaje, apetece redecorar la casa y permanecer más tiempo en ella. Invite a sus amigos: calabazas verdes, amarillas o naranjas pueden convertirse en decorativos servilleteros ideales para una desenvuelta comida de finales de verano.

El viento levanta las hojas secas, los días son más cortos, las ardillas recogen nueces y se preparan para el invierno. Para muchos, el otoño es la estación del año más romántica.

Últimos obsequios de la naturaleza

Castañas, nueces y calabazas, junto a hojas de colores, simbolizan el otoño y el invierno que se acerca, pero no hay ninguna razón para estar triste. Las hojas pueden ser igual de bonitas que las flores y se pueden recoger con facilidad a lo largo de un paseo. Dispuestas en un jarrón y colocadas en una ventana brillan a la luz con sus maravillosos colores. En la ilustración de la derecha se muestra cómo el follaje colorido puede envolver una vela y decorar la mesa otoñal. El vaso se engalana con cinta y bayas que sostienen las hojas. En la ilustración superior de la derecha y en la inferior se muestra que existen calabazas de muchas formas, colores y tamaños. En un adorno floral con bayas otoñales, como escaramujo, o simplemente dispuestas sobre la repisa de una ventana muestran su lado más bonito.

La hora de los espíritus

Halloween es más popular cada año. Vampiros, murciélagos, esqueletos y fantasmas aparecen cuando se hace de noche y no sólo los niños se lo pasan bien en esta víspera de Todos los Santos.

¡Uhhh! ¡Todo un grupo de fantasmas ha irrumpido en la ilustración de la derecha! Los niños se alegrarán mucho. Para ello se han utilizado bolas de poliestireno sobre palillos de brocheta, alrededor de los cuales se han atado pequeños pañuelos blancos a los que se han incorporado ojos y boca. Las brochetas se pueden colocar dentro de una calabaza que puede decorar escaleras y porches, así como repisas de ventanas y aparadores. Además, estos fantasmas son tan monos que es imposible que asusten a nadie.

Algo diferente ocurre con las calabazas de la ilustración superior izquierda: bocas demoníacas y ojos que parpadean se ocupan de ahuyentar a los espíritus del jardín. Un repollo que hace las veces de cabello y una nariz verrugosa de pepino acaban de completar la ilustración. Al lado vuelan fantasmas y murciélagos de azúcar. En la ilustración de la derecha, latas antiguas con lúgubres motivos y con una vela dentro propagan un ambiente siniestro.

Halloween

Truco o trato: dulce o salado
es la solución. Esto no significa otra
cosa que: «¡dame dulces o te gasto
una broma!».

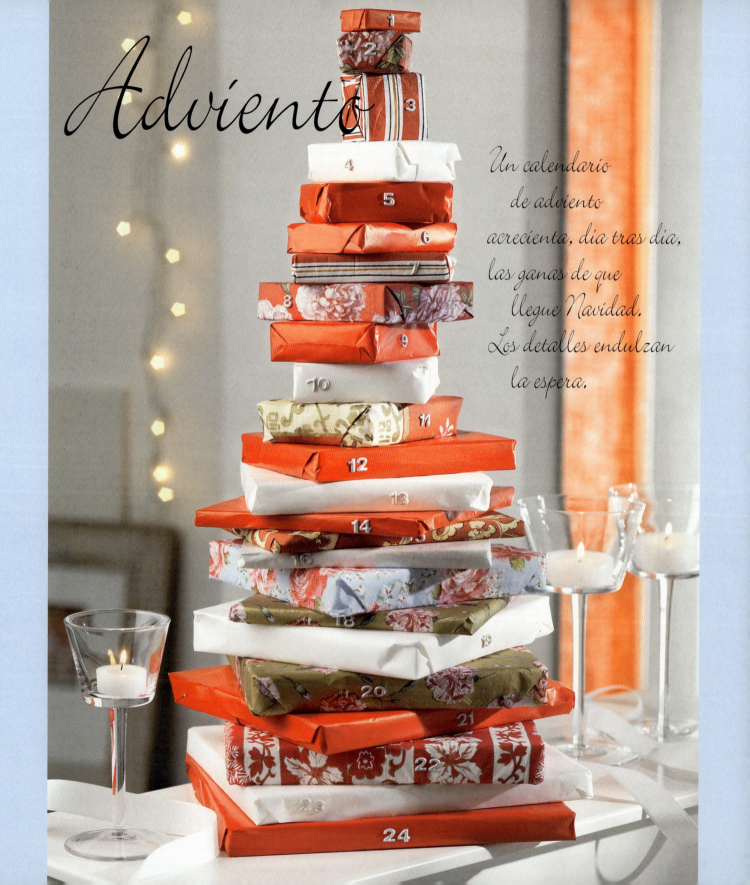

Adviento

Un calendario
de adviento
acrecienta, día tras día,
las ganas de que
llegue Navidad.
Los detalles endulzan
la espera.

Calendario de adviento

Estas tres propuestas de calendarios de adviento destacarán entre toda la decoración, son fáciles de preparar y hacen muy feliz a quien recibe los regalos.

Para elaborar el calendario de la ilustración más grande, debe empezar pronto a recopilar cajas de distintos formatos. Envueltas con papel de regalo de colores alegres, forman en diciembre un divertido montículo de adviento.

Los pequeños cubos de metal en la ilustración superior izquierda son asequibles y se pueden utilizar una y otra vez. Si llena veintiuno de ellos con saquitos blancos o de colores numerados obtendrá la base de un calendario de adviento muy original y moderno. En la ilustración inferior izquierda puede ver, dentro de una bolsa de papel, ramitas lacadas en blanco, de las cuales cuelgan pequeños saquitos que representan los días de adviento. El montaje es tan bonito que hasta sabe mal desmontar los saquitos día tras día…

La ilustración redonda nos recuerda que la época de adviento también es época de manualidades: corazones de fieltro rojo embellecen invitaciones y cartas de menú de una manera muy original.

Naturalmente natural

Los colores cálidos de la naturaleza confieren a la casa
lo que uno anhela en la estación más fría del año:
calidez.

El acebo de la ilustración superior izquierda se ha
enrollado alrededor de un alambre y embellece
sencillas velas de cristal. Éstas quedan muy
vistosas dispuestas sobre una estrecha bandeja
de madera que decora la mesa.
El corazón del centro se ha elaborado a partir de
piñas recogidas en el bosque. Adornado con una
estrella de Navidad y un lazo, da la bienvenida a todos
los invitados.
Es posible que los pequeños arbolitos de la ilustración de la derecha
no pasen frío envueltos en telas nostálgicas y de vivos colores.

Los pájaros se alegran ante
el cariñoso ofrecimiento de
nueces y acuden en bandadas
cuyo alegre movimiento podrá
contemplar desde el interior.

Adviento

Navidades coloreadas...

Cintas de tul transparentes y bolas de
Navidad rosas aportan un toque
de color a la blanca mesa.

... en rosa y rojo

Con bolas de Navidad de color rosa y rojo y accesorios de colores acordes puede crear un ambiente navideño moderno y divertido.

De esta manera, una bandeja transparente creada con dos platos de cristal y una copa de vino al revés puede contener bolas de Navidad en vez de pastel y galletitas. Encima de todo se ve un alce brillante junto a una ramita de abeto. Regalos que sirven como decoración en papel de envolver de colores y cintas a cuadros completan el adorno.

En el centro, las galletitas con forma de corazón siempre son un buen regalo. Si además las baña en azúcar rosa, perlitas de caramelo y bandas de azúcar rojo, nadie podrá resistirse a ellas.

La corona de ramas de abeto que usted puede ver en la ilustración inferior se construye muy rápidamente. En tiendas especiales encontrará coronas de espuma redondas que se pueden decorar fácilmente. Bolas de Navidad de color rosa intenso o rojo junto a un lazo exuberante aportan un toque de color moderno. Si además vierte por encima nieve artificial, conseguirá crear un entorno muy invernal.

... en naranja y marrón

Naranjas, especias y nueces no sólo se utilizan en la creación de recetas. Compruébelo a continuación.

Las medias naranjas de la ilustración superior izquierda se han elaborado separando cuidadosamente la pulpa y la piel blanca y dejándolas secar en el horno a 70 °C. A continuación, las velitas de té se ocupan de que continúen desprendiendo su delicioso aroma cítrico.

El anís estrellado y las barritas de canela son especias típicas de Navidad que desprenden un aromático perfume. En la ilustración del centro puede comprobar cómo es posible crear cadenitas de olorosas especias con hilo de alambre. Éstas se pueden fijar en lámparas, candelabros y rieles para cortinas. Las velitas de la ilustración superior derecha transforman la mesa del café y le confieren un brillo especial. Con media cáscara de nuez, mecha de la tienda de bricolaje y cera es muy fácil elaborar decorativas velitas. La ilustración grande de la derecha muestra que la época de Navidad es tiempo de velas (velas blancas en vasos divertidos y resistentes al fuego regalan reflejos de luz románticos). Más bonita resulta la ornamentación mediante suaves cadenas de joyas de cáscaras de naranja secas con forma de corazón y *kumquats*, también denominadas naranjas enanas.

96

Las velas forman parte de las fiestas
navideñas. La decoración con corazones convierte
los candelabros en algo muy original.

*Estos miniarbolitos de Navidad con forma
de arbusto y en macetas de papel de colores
se pueden adornar con mucho colorido.*

... con colores variados

Existen bolas de Navidad de colores variados. Mezcle sus colores preferidos y utilice distintos tamaños. Los arbolitos de Navidad de la izquierda resaltan de esta forma con un brillo inusual. Adornados con grandes lazos de satén quedan especialmente bonitos. En la ilustración inferior se muestran plantas de interior decoradas con un toque navideño a base de algodón y cadenitas de abalorios.

... con materiales naturales

El árbol de Navidad está adornado con estrellas de paja, nueces, manzanas y pan de especias que cuelga de lazos rojos. Las velas (de verdad) no deben faltar.

En la ilustración de la derecha puede ver una versión sencilla de corona con un gran lazo rojo y un colgante decorativo con forma de corazón, que adorna la entrada de la casa. Las cintas también pueden decorar respaldos de sillas y dar una apariencia divertida a las velas, pero vigílelas. La ilustración inferior muestra casitas de pájaro decoradas con ramitas de abeto y manzanas. ¡Qué contentos se pondrán los visitantes del jardín!

Navidades clásicas

Decorar lazos

Las coronas en la puerta
de entrada dan la bienvenida
a todos los visitantes.

... con ramas de muérdago y boj

¡Verde como el árbol de Navidad y el boj siempre verde, rojo como las manzanas, una estrella de Navidad y nada menos que el amor! El verde y el rojo son los colores clásicos de la decoración navideña, precisamente lo que necesitan los nostálgicos románticos.

En la ilustración superior vemos una guirnalda de boj sobre el marco de la puerta decorada con lazos a cuadros rojiblancos y tarjetas navideñas nostálgicas. Tal y como puede ver en el centro y en la ilustración inferior, también con ramitas de muérdago es posible llevar a cabo muchas ideas decorativas.

El muérdago puede utilizarse para crear aros para servilletas o para preparar un ramo tradicional que luego puede colgarse de la puerta. Según una costumbre irlandesa, la muchacha que se encuentre bajo una rama de muérdago nunca puede rechazar el beso de un joven.

Navidades modernas

El musgo aporta algo maravilloso a las ramas peladas. Las ramas parecen recién cortadas del bosque y, colocadas en jarrones o sobre la mesa, se pueden adornar de forma artística. Las bolas de cristal quedan muy bien. También ellas, a pesar de su carácter artificial, parecen naturales, pues son como una mezcla de copo de nieve y burbuja de jabón, como una ensoñación o un cuento de Navidad. El musgo y las ramas se pueden adquirir en floristerías.

Los cristales de nieve blancos colgados de cintas blancas decoran las ventanas dándoles un toque invernal y noble.

... en blanco y plata

En la ilustración superior izquierda se presenta otro arreglo de ramas, musgo y cristal para decorar la casa con encanto. Las piezas de cristal tienen forma de carámbanos de hielo y resultan mucho más invernales que las bolas de cristal de la izquierda. En la ilustración superior derecha, el musgo ha sido esparcido sobre la mesa dando un estilo refinado al banquete. Los preciosos pájaros de plata son fáciles de sujetar. En la ilustración de la derecha se pueden ver ramas lacadas de color plata y adornadas con bolas de cristal y metal que consiguen crear un ambiente navideño moderno y con mucho estilo. También se pueden hornear galletitas que posteriormente se cubren con azúcar glasé blanco (pues éste no tiene por qué ser siempre de colores) para adornar la mesa. Con perlas de color plata, las galletitas adquieren un toque más festivo.

… con cintas y metal

En este caso dominan los colores clásicos blanco, rojo y verde, aunque el brillo metálico y la incorporación inusual de formas originales aportan un toque moderno a la decoración.

En la ilustración superior izquierda vemos ramitas decoradas con espray blanco que les da un toque invernal muy decorativo. Un corazón rojo de madera o fieltro simboliza que la decoración se ha concebido desde el fondo del corazón. Compruebe el efecto de algo tan simple como utilizar de servilleteros moldes de galletas con forma de estrella (ilustración superior derecha).

Personalizados con tarjetitas con el nombre de los visitantes atadas a un hilo rojo indican a los comensales dónde deben sentarse. En la ilustración de la derecha, amplios lazos de satén, de los cuales cuelgan estrellas de plata, botitas o cristales, adornan las ventanas. Las ramitas de abeto que se han incorporado son frescas y desprenden un agradable aroma a Navidad… En lugar de los objetos de decoración típicos, también se pueden colgar de las cintas moldes de galletas con motivos navideños, ya sean estrellitas, corazones o campanitas, pues todo es festivo y decorativo.

Con cintas de colores puede
decorar su casa dándole
un aspecto navideño y amoroso.

Nochevieja

Nochevieja es algo muy especial.
Alegría anticipada y los mejores deseos para
el nuevo año acompañan a los invitados.

Símbolos de la suerte

Setas de la suerte (oronjas), tréboles de cuatro hojas, cerditos de la suerte, mariquitas y herraduras: estos símbolos nos animan a recibir el nuevo año y propagan un ambiente optimista.

En la ilustración grande de la izquierda puede ver cómo un molde para preparar tartaletas de porcelana blanca se convierte en un jardín de tréboles de cuatro hojas donde reposa un cerdito de la suerte de mazapán. La base la conforman tréboles elaborados con fieltro verde.

En la ilustración superior de la derecha un trozo de corteza y musgo adquiridos en una floristería conforman la base ideal para ubicar las setas de la suerte, que bien podrán colocarse sobre la repisa de la ventana o encima de la mesa.

En el centro se muestran setas atadas con lazos que adornan las copas de champán o que también pueden atarse a los respaldos de las sillas. Los posavasos de fieltro de colores resultan muy decorativos.

En la ilustración inferior podemos ver una forma de corazón elaborada con musgo, setas de la suerte, cerditos y flores.

Decoración

Ideas para cada día del año

La decoración no es algo que sólo deba ocuparnos en
días especiales, en fiestas y acontecimientos
determinados. Las mesas y los espacios bien
decorados enriquecen nuestra vida durante todo
el año. Una buena idea decorativa puede levantarnos
el ánimo, representar nuestros anhelos y hacer
realidad nuestros sueños. Cree algo mágico no sólo
para los demás, sino también para usted mismo.
Convierta su casa en un hermoso hogar.

Temas de decoración

Ideas para cada día del año.

Un corazón soleado

Con estas ideas conseguirá crear un ambiente vacacional en su casa. Los colores vivos y determinados objetos que le recuerden las vacaciones le harán olvidar los problemas del día a día.

Para confeccionar un cojín como el de la imagen superior necesitará una funda lisa y blanca y pintura para pintar telas que puede adquirir en una tienda de bricolaje. Para que la almohada le quede bien a la primera, es conveniente dibujar antes un boceto sobre papel. La fotografía inferior muestra una jarra pintada con colores alegres, el recipiente ideal para las flores de verano. También se puede comprar pintura para cerámica o porcelana en tiendas en las que vendan objetos de bricolaje. Cuando la obra está terminada, se cuece en el horno y con ello la pintura se vuelve resistente.

En la ilustración inferior vemos un pez elaborado con conchas y piedras pequeñas recogidas durante el último verano. ¡Con estas ideas el jardín se convierte en un paraíso!

Sensación de verano

Telas de algodón largas y transparentes crean una cama de ensueño de estilo colonial. Una manta de patchwork se ocupa de que el lecho sea confortable.

Singular y relajante

Mesas lisas de abeto rojo resultarán únicas pintadas con vistosos motivos.

116

Descuidado y creativo

Precisamente las pequeñas locuras convierten a las personas en especiales. Lo mismo ocurre con los objetos, pues la perfección suele resultar aburrida. Sea por tanto valiente y tome los pinceles y la pintura; encontrará motivos suficientes en esta página: las botellas de agua se pintan para crear jarrones individuales; los cojines decorados con gatos y dragones invitan a dormir, y las casitas de pájaros, bellamente decoradas, despiertan las ganas de mudarse a ellas.

La fotografía superior muestra una mesa con el barniz desconchado, pero precisamente esto convierte la mesa en el punto de reunión preferido de la familia.

La vie en rose

Es posible cumplir el deseo de vivir como en una nube rosácea
con rosas de un delicado color rojo y suaves tonos rosas.

Vivir en rosa rojo

Ya sean rosas comunes, silvestres, o rosas inglesas, todas las rosas simbolizan, como ninguna otra flor, el amor, la ternura y el romanticismo, y ayudan a sentirse constantemente enamorado. Observe por tanto el mundo a través de unas gafas de color rosa. Lleve el romanticismo a su casa, decore su hogar con rosas.

Las rosas son gráciles y tienen un aroma muy seductor. En la ilustración superior, una vieja tetera se ha convertido en un jarrón; este recipiente resulta ideal para rosas de tallo corto con muchas hojas.

Junto a ellas cuelga un corazón elaborado con rosas secas. Este tipo de corazones para fijar rosas u otros objetos se puede adquirir en tiendas de bricolaje. Para secar las rosas, cuélguelas preferiblemente en una habitación oscura y boca abajo. El lazo rojo y las bolas plateadas embellecen todavía más el corazón.

No se preocupe si se le desmontan las rosas. Simplemente recórtelas más y colóquelas en agua junto a velas flotantes.

Un recipiente con frutos rojos y pétalos
de rosa comestibles es un deleite para
el paladar y los ojos en cualquier fiesta.

Blanco de ensueño

*Estos delicados servilleteros resultan
muy atractivos alrededor
de servilletas de lino blanco.*

Brillo cristalino y naturalidad

Los servilleteros acristalados son fáciles de elaborar. Sólo hace falta hilo de alambre y cristales de decoración de la tienda de bricolaje. También pueden utilizarse perlas blancas en lugar de cristales. La ilustración grande de la izquierda muestra la primera variante. Grandes piedras de cristal dispuestas con alambre pueden adquirir la forma que uno desee. En la ilustración superior envuelven recipientes de vidrio que contienen velitas de té.

Debajo, aparece una mesa moderna de color blanco adornada con bolas de rosas. Para crearlas necesitará bolsas de poliestireno, ganchos pequeños y rosas de seda de la tienda de bricolaje. Recubra las bolas con rosas y añada el gancho para que éstas se puedan sujetar después. Envuelva a continuación el gancho saliente con cinta de satén y después deje llover rosas blancas sobre la mesa.

La fotografía de la ilustración inferior demuestra cómo con muy poco esfuerzo se puede conseguir un gran efecto. Con cartulina blanca se han creado corazones, que se han sujetado con alambre, sobre musgo, corteza y hojas verdes.

Tono sobre tono

Hay muchos matices de blanco, ya sea en un tono frío ligeramente azul o en un tono más cálido, un color crema claro. Estos tonos de blanco variados combinan muy bien unos con otros y no resultan nada aburridos; al contrario, crean contrastes muy divertidos.

La fotografía de la ilustración superior izquierda muestra una combinación formada por un opulento ramo de rosas verdes y blancas, tulipanes y flores de guisante colocadas en un jarrón de estilo campestre, bolas de decoración blancas y un candelabro de color marfil. La pared de color crema

y la estantería acorde acaban de completar el arreglo.

En la ilustración superior derecha se ven bonitas velas: cirios blancos de distintos tamaños en recipientes de cristal transparentes y mates. Junto a la pared reposa una corona de milenrama seca.

El jarrón lleva piedrecitas de mosaico incrustadas que resultan muy decorativas.

La fotografía del centro muestra cómo el blanco es un color puro y refrescante: es imposible comer en un lugar más bucólico que éste, es decir, ¡bajo las flores de un manzano!

Rosas blancas flotan en copas de champán.
Los ejemplares con las flores totalmente abiertas
son especialmente decorativos.

Romántico

Dulce con papel de blonda

Solemos relacionar el papel de blonda para tartas con dulces. No es de extrañar que sin ellas hagamos la misma asociación de ideas.

La ilustración superior muestra un plato bellamente decorado con una magdalena de bienvenida, adornado con una flor de margarita y papel de blonda para tartas. La servilleta combina cromáticamente con los vasos y los cubiertos decorados con lazos de satén.

La persona que celebra su cumpleaños merece toda la atención, incluso en lo referente a la decoración del sitio en que se va a sentar. La fotografía del centro muestra una bolsa creada manualmente con cartón verde de la tienda de bricolaje y papel de blonda para tartas. Para que las rosas y las francesillas duren más tiempo el florista las ha colocado en pequeños jarrones que se pueden cerrar. En la ilustración inferior se ve un servilletero algo distinto, perfecto para la mesa del café. El papel de blonda envuelve una servilleta atado con un lazo rosa.

*Estas ligeras mariposas de papel
pueden adquirirse a un precio
asequible. Es una lástima utilizarlas
sólo para decorar ramos de flores.*

Mariposas de color rosa y azul claro revolotean sobre la mesa del café y hacen las magdalenas todavía más irresistibles.

*Las flores dicen
más que
mil palabras.*

Un corazón de flores en la puerta de entrada
y pequeñas coronas florales y jarrones o candelabros
hacen agradable cualquier entorno.

Rosas y otras flores

Los pensamientos, los lirios de los valles, las dicentras o las dalias son flores prácticamente olvidadas que antes crecían en casi todas las casas de campo y que resultan atractivas por su fragilidad.

También nomeolvides, arvejas y violetas forman parte de estas flores cuya belleza se admira de nuevo. Quien las descubra en primavera o verano debe aprovechar la ocasión.

131

Embriaguez de flores

Las flores frescas siempre son las más bonitas y a continuación todos los ejemplares de flores secas. Ya sea una flor suelta sobre el plato, varias flores secas sobre la mesa o flores frescas en un jarrón decorativo, las flores embellecen el ambiente.

Las coronas de flores secas siempre resultan románticas. La fotografía de la derecha muestra una variante aromática de tonos blancos y beige. Sobre ésta puede ver una rosa con una tarjetita.

También las flores más pequeñas pueden tener un gran efecto: mediante el doble borde de vidrio se mantienen bien y muestran su parte más bonita. Junto a ellas se encuentra un corazón de flores muy romántico: los nomeolvides combinan muy bien con el musgo. La tarjeta nostálgica en forma de ángel atada con una cinta de seda convierte el corazón en una pieza de decoración exquisita.

Romanticismo

Sencillo y tierno

La decoración moderna se basa en el siguiente lema: menos es más. Menos florituras, menos opulencia y más líneas simples, diseños sencillos e ideas originales. Sin embargo, ¿esto queda bien? ¡Sin duda alguna! ¡Compruébelo usted mismo!

La fotografía pequeña superior muestra cómo adornos muy sencillos pueden resultar muy decorativos: una taza de cerámica blanca con finas rayas rojas y una ramita con bayas, y no hace falta nada más.

La ilustración del centro es muy colorida sin por ello estar sobrecargada. Distintas botellas de vidrio se convierten en excelentes jarrones donde colocar flores sueltas y de tallo alto. Son especialmente bonitas a contraluz y, por tanto, quedan muy bien en la repisa de la ventana.

En la ilustración inferior, pequeños vasitos con una velita de té sujetan tarjetitas con clips. Hojas verdes aportan frescor al conjunto.

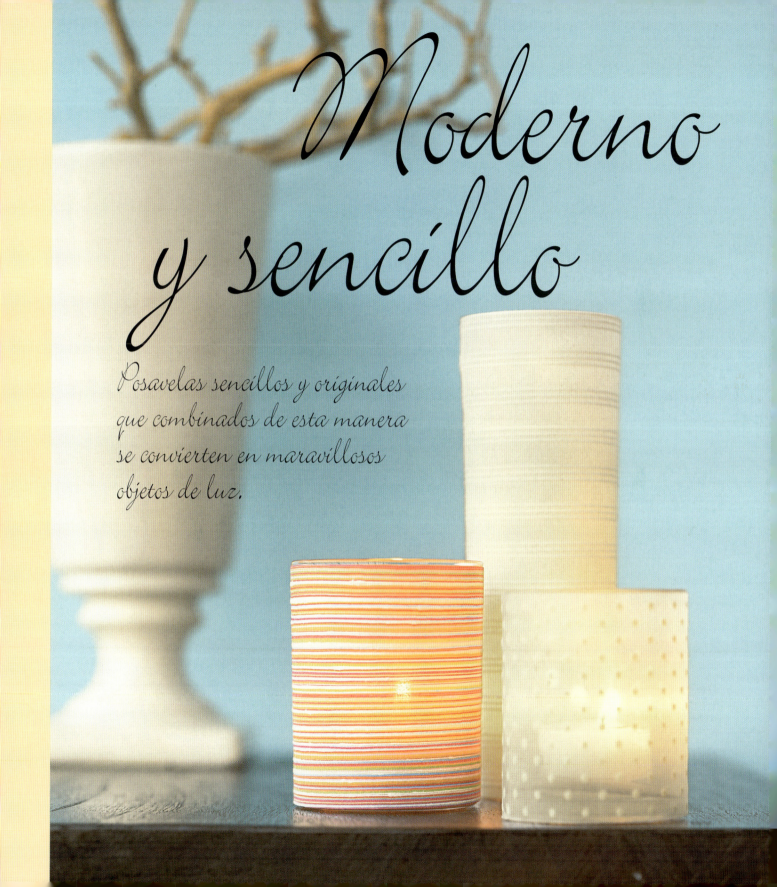

Moderno y sencillo

Posavelas sencillos y originales que combinados de esta manera se convierten en maravillosos objetos de luz.

Hora azul

Antes que el sol se ponga, el mundo se cubre de un velo azul. En esta hora especial todo se llena de calma y parece encantado. Con estas ideas de decoración conseguirá crear esta sensación en su hogar y para que no resulte nada aburrido el azul, éste se combina con tulipanes amarillos. En la ilustración de la izquierda, un cirio dentro de un recipiente de cristal rodeado de mariposas azules y blancas se convierte en una obra de arte romántica que adorna la mesa del café, una cómoda o la repisa de la ventana.

El azul tranquiliza e inspira; el azul es el color de la poesía.

A pequeña y gran escala

Según un estudio el azul es el color preferido de la mayoría de las personas. Esto no sorprende, pues este tono, ya sea en piezas únicas, por ejemplo en un ramo de flores con algunas hortensias azules, o decorando toda una habitación siempre crea un ambiente de calma y serenidad.

El baño ha sido pintado de azul, el techo y las paredes parecen estar abiertas a un maravilloso cielo. Con un lápiz trace los contornos de las nubes y a continuación aplique el color. Tenga en cuenta que el azul debe ser muy claro; por tanto, debe mezclarlo bien con blanco.

En la ilustración superior encontramos una pieza de porcelana antigua de tonos azules y blancos que encima de la repisa aporta un toque nostálgico a la decoración. Mantenga los ojos bien abiertos en el próximo mercadillo de antigüedades.

Divertido

En estas imágenes
se presentan
decoraciones divertidas.
Cree originales objetos
de ensueño llenos
de vida.

Cromática luz de velas

Hay posavelas de cristal de todos los colores. Decorados con trocitos de espejos o piedrecitas y ornamentos se convierten en piezas únicas. En la ilustración inferior de la página anterior encontramos posavelas envueltos en papel de colores sujeto con una cinta de satén de color azul cielo.

Al lado vemos posavelas envueltos en tejidos. En las esquinas de la tela se han cosido perlas de decoración. En la ilustración inferior encontramos posavelas decorados con papel al cual se le han pegado flores secas u hojas y que se sujeta mediante un clip de oficina.

Estos círculos de cristal, pintados a mano y sujetos con cintas alegres resultan muy decorativos. Embellecen la vista y alegran el día.

Esta servilleta se ha enrollado de forma muy simple. Atada con tallos de hierba se mantiene plegada y tiene un aspecto elegante y artístico.

Asiático

Los colores de la naturaleza

En esta decoración, la comida ocupa el lugar principal. Los colores utilizados seducen de forma sutil sin llamar demasiado la atención.

La ilustración pequeña superior muestra una maravillosa mesa engalanada de forma sencilla. Los platos son de cerámica verde, los palillos se encuentran envueltos en papel de color blanco y están dispuestos de forma vertical dentro de cada vaso. Para decorar se han utilizado flores ave del paraíso colocadas en jarrones de color azul intenso. La mesa de la derecha ha sido adornada con un ramo de flores y sobre cada plato se han dispuesto pequeñas cajitas de cartoncillo con orquídeas blancas. Estas cajitas se pueden adquirir en muchos restaurantes asiáticos; pregunte por ellas. En las cajitas puede introducir pequeños detalles para los comensales.

Exótico y elegante

Las orquídeas son las plantas que representan mejor que ninguna el estilo asiático. Ya sean blancas, rosas o verdes, sus flores siempre son maravillosas y nos recuerdan a la selva, nos hacen soñar con bellezas exóticas y reflexionar sobre la sabiduría oriental.

En la ilustración superior izquierda vemos distintos cirios de color blanco. Ya por sí solos representan una decoración elegante, pero junto a las orquídeas rápidamente se convierten en asiáticos y por ello los asociamos con templos orientales.

Junto a ellos, un tallo de orquídea sobre un plato. Estas orquídeas de color rosa se pueden adquirir a buen precio en tiendas o supermercados asiáticos; suelen estar almacenadas en la sección de alimentos refrigerados. La cocina asiática también las utiliza para decorar platos.

En la imagen superior derecha vemos una estatua de Buda. Estas figuras existen de muchos tamaños y formatos y transmiten mucha calma y serenidad.

Los platos de cerámica de color violeta
adornados con orquídeas de color verde
crean un bello y exótico contraste.
En este caso, las servilletas pueden ser
muy simples y de color blanco.

Como un baldaquín
se expanden las flores
amarillas sobre la mesa
creando un espacio
muy especial.

Una explosión de color como en un mercado asiático

El que asocie el estilo asiático con la sencillez y las líneas simples se sorprenderá con las siguientes ideas para decorar. ¡Aquí imperan los colores y la opulencia!

Se pueden adquirir farolillos orientales en cualquier tienda o supermercado asiático. Además de resultar muy decorativos en el jardín o en el balcón, son buenas fuentes de luz. Las dalias son flores ideales para representar el lujoso estilo asiático. Existen de casi todos los colores y con flores alargadas o redondas. Combine las de tonos rojos y rosas y deje flotar los ejemplares más bonitos en pequeños cuencos de cristal. En la ilustración inferior puede ver un paisaje marino dentro de un tarro de cristal. Éste también se puede decorar con conchas, sombrillitas y cintas de colores; las algas artificiales completan el adorno.

Vivir junto al mar

Las conchas que uno puede recoger en cualquier playa, junto a piedrecitas y otros restos marinos, nos trasladan a un ambiente veraniego. Así pues, mantenga los ojos bien abiertos durante las próximas vacaciones. Las conchas grandes y exóticas, como la de la derecha, se pueden adquirir en muchos pueblos costeros. También se pueden comprar otras muchas piezas de decoración marina, como los posavelas de la imagen superior en forma de pescado o barco. Acabe de decorar con ellos su espacio marino.

En la ilustración de la derecha vemos una corona elaborada con caracolillos de mar y musgo. Debajo piedras con forma de corazón. Esta forma se acentúa gracias a los corazones de papel dispuestos encima. En la ilustración inferior se pueden ver tablas de madera decoradas con conchas y otros restos marinos. Resultan muy decorativas en la cocina, pues llevan incorporadas conchas de uso alimentario común: mejillones, almejas y vieiras.

¿Recuerda cuando de pequeño se acercaba
conchas al oído y le parecía oír el mar?
Con estos ejemplares de gran tamaño
puede trasladar estos recuerdos
infantiles a su hogar.

Colores de las olas y la espuma del mar

Blanco, crema, rosa suave: éstos son los colores de la espuma del mar al sol. ¡Qué bien que estos tonos cromáticos se puedan usar y sean adecuados para decorar escenas marítimas!

En la ilustración superior izquierda se ven estrellas de mar de distintos tamaños rociadas con espray blanco. Éstas se combinan con rosas blancas abiertas. Junto a ellas y en la ilustración grande de la derecha vemos conchas, erizos de mar y corales dispuestos sobre un plato con forma de concha. En combinación con las delicadas botellas de cristal, todo parece muy ligero, fresco e, incluso, un poco encantado.

Las pequeñas bolas de poliestireno de la tienda de bricolaje, que aparecen en la ilustración superior, han sido cubiertas de caracolillos de mar. De esta manera se han creado maravillosas y decorativas bolas de adorno para la repisa de la ventana o el mueble.

Con objetos marinos recogidos durante
las últimas vacaciones es posible crear
fantásticas exposiciones privadas. La decoración
despierta recuerdos de olas, sonidos del mar
y suaves noches de verano.

El turquesa es el color del verano

El azul celeste y el verde turquesa son los colores del mar. ¿No le apetece, por tanto, combinar las conchas con estos tonos?

¡Un baño turquesa levanta el ánimo cada mañana! Si además las perlas del baño, los jabones y las cremas se encuentran dentro de decorativas conchas y los ejemplares más bonitos ocupan un lugar decorativo del aseo, el baño se convierte en un oasis o balneario de placer.

También sobre la mesa las conchas son elementos muy decorativos, sobre todo si el menú incluye pescado. En una de las ilustraciones superiores, una vieira con un lazo de satén sostiene una tarjetita con un nombre. Junto a ella vemos velitas de té de color azul y verde adornadas con conchas. La vieja caja de verdura de la ilustración superior derecha ha sido pintada de azul y se han pegado sobre ella bellos ejemplares. Sirve de decorativa mesita supletoria.

Mar

A menudo, las conchas presentan un orificio causado por el oleaje. Enhebradas decoran macetas, ventanas o estanterías.

153

Verde deslumbrante

Las hojas y los tallos o espigas que con alambre se han dispuesto alrededor de recipientes resistentes al calor crean decorativos posavasos. Mediante el contraluz se marcan todas las vetas de la hoja, además de los tonos verdes claros y oscuros. Es posible encontrar hojas decorativas en cualquier parque aunque, si se desea adquirir hojas más exóticas, lo mejor es preguntar al florista. El verde convierte en posible lo imposible. Es un color fascinante lleno de misterio y a la vez fresco, luminoso y moderno. ¡Déjese encantar!

Las hojas verdes le traen la primavera a su hogar.

Bosque y prados

¿Adora la naturaleza? ¿Le fascinan los bosques y los prados? Entonces, estas ideas le encantarán, pues el verde es el color del bosque y las plantas.

En la ilustración superior se muestra hierba de gato en un recipiente de metal. La hierba de gato adorna las repisas de las ventanas y las mesas aportando una sensación de frescor. En macetas de metal se mantiene muy bien.

En la ilustración de la derecha, un corazón de áster rojo intenso y milenrama verde claro con una cinta de tul de color verde claro que lo acaba de adornar. Hay áster de muchos colores.

La ilustración inferior muestra ejemplares de color verde claro en un jarrón alto y redondo.

155

El verde gana

Sólo gana el que arriesga. Esto se demostra en estas páginas. En la ilustración grande de la izquierda vemos una combinación distinta y a primera vista arriesgada. Hojas variadas y ramillas se funden con mundillos de un tono verde claro y orquídeas de verde delicado para crear un espléndido ramo.

La ilustración pequeña superior muestra una mesa adornada de forma original y para espíritus libres. Pequeños ramos verdes junto a candelabros de estilo campestre y manteles de tonos marrón rojizo y jarras de vino y agua tradicionales dan un aspecto muy rústico a todo el conjunto. Debajo aparecen bolas de musgo de distintos tamaños que se convierten en maravillosos objetos decorativos. Se trata de bolas de poliestireno de la tienda de bricolaje que se visten fácilmente con musgo.

Plantilla A

1 a

1 b

Plantilla B

1 c

Plantilla C

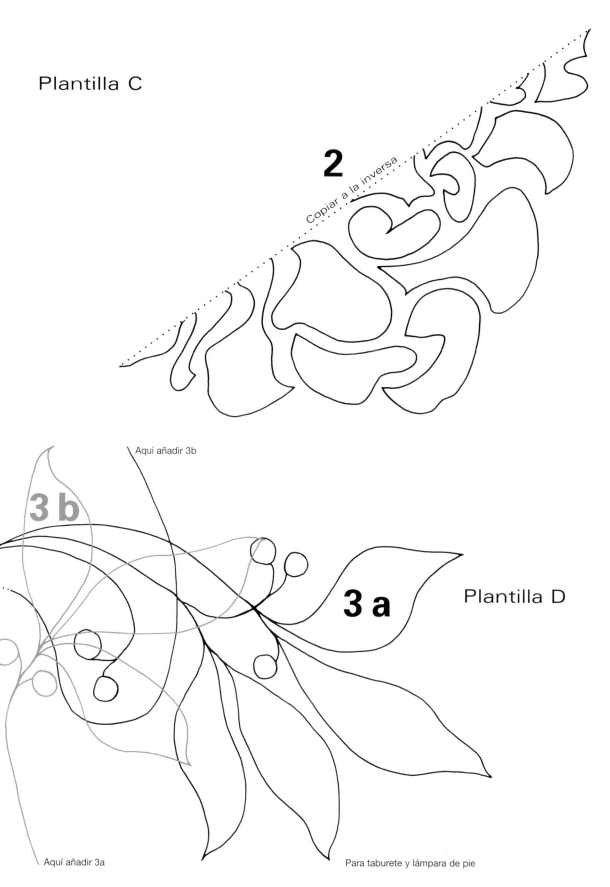

2

Copiar a la inversa

3 b

Aquí añadir 3b

3 a   Plantilla D

Aquí añadir 3a   Para taburete y lámpara de pie

Índice alfabético

Adviento	90	Divertido	138	Navidades coloreadas	94
Asiático	142	Fiesta de la primavera	74	Navidades clásicas	100
Barbacoa	84	Fiesta veraniega		Navidades modernas	104
Blanco de ensueño	122	en el campo	78	Nochevieja	110
Bufet	82	Final del verano y otoño	86	Pascua con gran colorido	72
Comida veraniega	80	Hora azul	136	Pascua moderna	70
Cuadros creados con		Halloween	88	Romántico	126
servilletas	28	La vie en rose	118	Sensación de verano	114
Decoraciones	44	Moderno y sencillo	134	Verde deslumbrante	154
Descuidado y creativo	116	Muebles y accesorios	10	Vivir junto al mar	148

Ilustraciones

Mauritius images: págs. 3, 5 (centro), 6, 9, 70, 71, 72 (izq., sup. dcha., centro dcha.), 74 (sup. izq., inf. centro, inf. dcha.), 75, 76/77, 78, 79 (dcha.), 83 (centro dcha.), 84 (centro izq., sup. dcha.), 85 (dcha.), 86 (dcha.), 87 (sup. izq., sup. centro, centro dcha.), 88, 89, 92, 93 (sup. dcha., inf. izq., inf. dcha.), 94, 95 (izq. sup., izq. inf., dcha.), 96 (dcha.), 97, 98, 99, 100, 101, 102, 103 (izq. sup., izq. inf., dcha.), 104 (dcha. inf.), 105 (dcha. centro, dcha. inf.), 106/107, 108, 109, 110, 111 (centro izq., centro inf., dcha.), 114 (izq., sup. dcha., inf. dcha.), 115, 116, 117, 119, 123, (sup. izq., sup. centro, dcha.), 124 (sup. izq., sup. dcha.), 126, 127, 128/129, 130 (sup.), 131 (sup.), 132 (sup. centro, sup. dcha.), 133 (sup. izq., sup. dcha., centro dcha., inf. izq.), 134, 135, 136, 137, 138, 139 (sup.), 140/141, 143, 144 (sup. izq., sup. centro), 145, 146, 147 (sup. izq., inf. izq., dcha.), 148 (inf.), 149, 150, 151, 152, 153, 154, 155, 156 y 157.

StockFood: págs. 4, 5 (inf.), 7 (inf.), 73, 74 (sup. dcha.), 79 (izq., centro), 80 (izq., sup. dcha., inf. dcha.), 81, 82, 83 (sup. izq., sup. centro, inf.), 84 (sup. izq., inf. izq., inf. dcha.), 85 (izq.), 86 (izq.), 87 (inf.), 93 (sup. izq.), 95 (izq. centro), 113, 114 (centro dcha.), 118, 120/121, 122, 123 (inf. izq.), 124 (sup. centro), 125, 130 (inf.), 131 (inf.), 132 (sup. izq.), 133 (inf. dcha.), 139 (inf.), 144 (sup. dcha.), 147 (centro izq.) y 148 (sup.).

Angela Francisca Endress: págs. 90, 91, 96 (izq., centro), 103 (izq. centro), 104 (sup.), 105 (sup. izq., sup. dcha) y 111 (izq. sup.); Studio Klaus Arras, Colonia: págs. 72 (dcha. inf.), 80 (dcha centro) y 142; Oswald Visuelle Medien, Schwörstadt: 10-26; Uwe Stratmann: 9, 29-42; Roland Krieg, Waldkirch: 44-67.